Romans francophones
et représentations du féminin

Critiques Littéraires
Collection dirigée par Maguy Albet

Dernières parutions

Laurence OLIVIER-MESSONNIER, *Guerre et littérature de jeunesse (1913-1919). Analyse des dérives patriotiques dans les périodiques pour enfants*, 2012.
Ali CHIBANI, *Tahar Djaout et Lounis Aït Menguellet. Temps clos et ruptures spatiales*, 2012.
Alexandru MATEI, *Jean Echenoz et la distance intérieure*, 2012.
Mohammed-Salah ZELICHE, *Mohammed Dib, L'homme épris de lumière*, 2012.
Claude Herzfeld, Stendhal, *La Chartreuse de Parme. Héroïsme et intimité*, 2012.
Titaua Porcher-Wiart, *Pierre Jean Jouve, Mystère et sens dans l'oeuvre romanesque*, 2012.
Georice Berthin MADÉBÉ, Sylvère MBONDOBARI, Steeve Robert RENOMBO, *Les chemins de la critique africaine*, Actes du colloque international de Libreville, 2012.
N'guettia Martin KOUADIO, *Poétique africaine, rythme et oralité, L'exemple de la poésie ivoirienne*, 2012.
Nassurdine Ali MHOUMADI, *Littérature comorienne, Mohamed Toihiri : fiction d'un témoignage et témoignage d'une fiction*, 2012.
Adama COULIBALY, Philip Amangoua ATCHA, Roger TRO DEHO, *Le postmodernisme dans le roman africain. Formes, enjeux et perspectives*, 2012.
Denise BRAHIMI, *Quelques idées reçues sur Maupassant*, 2012.
Ridha BOURKHIS, *Lionel Ray. L'intarissable beauté de l'éphémère*, 2012.
Krzysztof A. Jeżewski, *Cyprian Norwid et la pensée de l'Empire du milieu*, 2011.
Camille DAMEGO-MANDEU, Laisse-nous bâtir une Afrique debout *de Benjamin Matip. Une épopée populaire*, 2011.

Samia Selmani

Romans francophones et représentations du féminin

Autour de *Va savoir* de Réjean Ducharme,
Agave de Hawa Djabali
et *La femme qui attendait* d'Andreï Makine

Essai

L'HARMATTAN

© L'Harmattan, 2012
5-7, rue de l'École-Polytechnique ; 75005 Paris

http://www.librairieharmattan.com
diffusion.harmattan@wanadoo.fr
harmattan1@wanadoo.fr

ISBN : 978-2-296-96247-7
EAN : 9782296962477

*A mon père Mohamed,
à ma mère Malika,
et à ma fille Cherine.*

SOMMAIRE

INTRODUCTION GENERALE   11
PROBLEMATIQUE   21

PREMIERE PARTIE : APERCU DU ROMAN FRANCOPHONE QUEBECOIS, ALGERIEN ET RUSSE.

INTRODUCTION   29
I- ROMAN FRANCOPHONE QUEBECOIS.
1-Écriture de la Mémoire   31
2-Recherche d'autonomie littéraire   35
3-Romans féminins : écriture de l'authenticité   39
4-La langue de la subversion et de l'affirmation   42

II- ROMAN ALGERIEN D'EXPRESSION FRANCAISE.
1-Entre imitation et originalité littéraires   45
2-Écriture du témoignage et de la revendication   49
2-1 Distorsion comme outil d'appropriation de l'écriture   52
3-Écriture féminine algérienne : écriture de l'affirmation   55
4-La francophonie comme outil d'extériorisation de l'inconscient   60

III- ROMAN RUSSE HORS FRONTIERES.
1-Ecriture historique   63
2-Écriture du réel   66
3-Remise en question du roman   70
4-Écriture russe en exil et la littérature française   74

CONCLUSION   79

DEUXIEME PARTIE : ENTRE SUBVERSION ET EROSION DE L'HEROINE FRANCOPHONE.

INTRODUCTION	85
1- Déroulement actantiel : Opposition du personnage féminin	87
2- Omniscience de la voix narrative masculine	93
3- Escamotage de l'héroïne francophone	101
4- Les éclats de représentation : Métamorphose et bouleversement	112
4-1 Présence scripturale	115
5- Communication de l'incertitude	118
5-1 Disparition de l'héroïne francophone	122
6- Le « Je » féminin	126
7- Figure du héros masculin	135
8- L'ère du soupçon dans la représentation féminine francophone	140
9- Ecrire l'actualité, produire l'actualité	145
CONCLUSION	149
CONCLUSION GENERALE	151
ANNEXES	161
BIBLIOGRAPHIE SELECTIVE	173
INDEX DES AUTEURS CITES	187

INTRODUCTION GENERALE

A partir du VIIIe siècle, apparaît le mot « France » et l'avènement d'une langue nouvelle, qui marque sa différence par rapport au latin, et cela se réalise grâce au serment de Strasbourg, considéré comme le premier texte écrit en français en 842. La naissance du français date donc de ce serment, mais on ne peut parler de fait francophone qu'entre la période du XVe et le XVIe siècle. La question francophone, elle, ne se pose qu'à partir de la Renaissance, lorsque quelques humanistes européens, réformateurs préféraient la langue vernaculaire au latin. Néanmoins, la francophonie ne s'impose réellement qu'au siècle des Lumières, à l'âge d'or du cosmopolitisme européen. La langue française a connu de réelles expansions hors de France et ce fait est dû aux conquêtes et aux croisades, telles que les croisades des Chevaliers francs. Leur imprégnation dans des pays tels que le Liban, la Syrie ou la Jordanie a permis à la langue française de devenir pendant des siècles une langue de la communication, et cela dans toute la Méditerranée. Le XVIe siècle marque un avancement assez conséquent de la langue hors du continent européen et cela grâce aux voyages de découvertes et de conquêtes. Nous relevons de prime abord l'expédition de Jacques Cartier le 10 août 1534 dans l'estuaire du grand fleuve, baptisé le Saint-Laurent. Cette expédition demeure une voie de pénétration du français dans le continent nord-américain. Cependant, le XVIIe siècle et plus précisément à la deuxième moitié de ce siècle, la langue française acquiert une place particulière en Europe. A ce propos Denise Brahimi avance dans *Langue et Littératures francophones* : « Le XVIIe siècle a été un très grand moment d'expansion de la puissance et donc de la langue française en diverses parties du monde. »[1] La langue française devient par conséquent la langue des diplomates grâce au rôle joué par Louis XIV et ses relations extérieures. De ce fait, cette période marque un grand moment d'expansion de la langue en diverses parties du monde. Au Canada, il y a continuation par rapport au siècle précédent. Cette période marque la fondation du Québec en 1608 par le père de la « *Nouvelle France* » Samuel de Champlain. Cette

---

[1] D. BRAHIMI, *Langue et Littératures francophones*, Paris, Ellipses, coll. Thèmes et études, 2001, p. 9.

nouvelle colonie devient par la suite, le premier pays francophone hors d'Europe. Du Canada, l'influence française s'étend au sud du continent nord-américain, d'où la possession en 1682 de la Louisiane. Nous notons également l'émergence de la langue aux Antilles, en Afrique et en Inde. Il est important de signaler qu'à cette période de l'expansion française, nous discernons en parallèle une diminution de la puissance espagnole, qui a permis en conséquence à la France d'exercer pleinement son autorité et son expansion.

Depuis le XVIIIe, le français s'est maintenu en Europe centrale et orientale comme la langue de l'intelligentsia, de la distinction et la culture. Il est parlé par l'aristocratie de Berlin, de Saint-Pétersbourg, de Vienne, de Lisbonne, d'Amsterdam et de Cracovie. La langue française recouvre le domaine de la diplomatie, de la philosophie et des lettres. Elle acquiert le statut des hautes valeurs de la civilisation et de la culture. La langue de Voltaire est associée au « *bel esprit* », elle est la langue de la civilité et de la modernité voire une langue élitaire. Elle apporte à celui qui l'emploie, le prestige de la distinction sociale : « La langue française remplit alors une fonction essentiellement symbolique, puisqu'elle sert moins à communiquer qu'à classer celui qui l'emploie. »[1] Le français devient également la langue du rationnel et de l'universel et ceci grâce au travail accompli par les grammairiens de Port-Royal et à la tradition cartésienne : « Langue de raison, le français est synonyme de clarté, et c'est-ce qui le rend universel. »[2] La langue française devient en conséquence, le symbole de la liberté et de l'humanisme en Europe, car elle est la langue de la Déclaration des Droits de l'homme et du citoyen (1789), elle est porteuse des idées révolutionnaires républicaines. Elle acquiert donc l'image d'une langue émancipatrice. Plusieurs mouvements contestataires et révolutionnaires européens se sont référés aux valeurs portées par cette langue, notamment en 1848. Les Décabristes russes et les républicains garibaldiens se sont longuement référés dans

---

[1.] D. COMBE, *Poétiques francophones*, Paris, Hachette, coll., Contours Littéraires, 1995, p. 69.
[2.] Ibid., p. 70.

leur lutte à la langue et la culture française. En conséquence, plusieurs écrivains révolutionnaires se sont installés en France, et ont pris le choix de s'exprimer en français dans leur écriture, symbole de liberté d'expression, tel au XXe siècle, le républicain Jorge Semprun, qui après avoir été en France, revient à Madrid et décide de continuer d'écrire en français. La langue est porteuse de maintes valeurs, entre autres de la laïcité et de la liberté de pensée : « Mais le français n'est pas seulement l'outil d'une littérature engagée. C'est en faveur de la liberté dans toutes ses acceptions, collective et individuelle, politique, religieuse, morale et esthétique, que le français semble engagé. (…) Le français n'est plus alors seulement la langue de Voltaire, mais de Rimbaud, de Proust, d'Artaud, de Céline, de Genet. »[1]

Le XVIIIe siècle présente une avancée remarquable dans le domaine de la francophonie, car pendant cette période, le français devient la langue de la clarté, de la lisibilité et de la simplification, d'où l'appellation du siècle des Lumières et de l'Encyclopédie. Les écrivains de ce siècle présentaient une langue vivante, qui renvoie à la clarté d'esprit. Grâce à l'intérêt porté par les encyclopédistes, la langue française devient précise et concrète. Ce fait apporte une importante évolution de l'image de la langue en Europe, car la langue de la diplomatie devient également une langue universelle, dont plusieurs élites européennes se sont inspirées. En somme, la langue française est pratiquée par plusieurs élites étrangères. Et de surcroît, elle est en usage dans toutes les familles princières et les grandes cours, telles que la Suède, la Prusse et la Russie. A cette période, nous constatons également une réelle autonomie de la langue par rapport au pouvoir et cela grâce à la Révolution de 1789. La langue française devient très répandue à l'intérieur et à l'extérieur de l'Europe, elle est chargée de valeur symbolique, elle est la langue des idées politiques avancées et de la liberté. La révolution historique et politique a été un facteur important pour la propagation de la langue : « Cependant la langue française est maintenant chargée d'une valeur symbolique nouvelle, puisqu'elle est devenue la langue des idées politiques

---

[1.] Ibid., p. 80.

avancées et de la liberté. Pendant tout le début du XIX⁰ siècle ce sera pour elle un atout important. »¹ En outre, à cette période de la révolution s'ajoute l'émergence du phénomène de l'émigration, qui contribue également à la propagation de la langue, car beaucoup de nobles français, se sentant menacés en France, ont fui le pays pour s'installer à l'étranger et par conséquent, ont contribué à faire connaître la langue française dans leur pays d'accueil en créant des cercles francophones. Le XVIIIᵉ siècle demeure marqué par un phénomène nouveau. Nous constatons à cette période un cosmopolitisme assez important, dû à la maturité acquise de la langue, de la littérature et de la pensée françaises. La littérature française a une image prestigieuse et devient pour les romanciers étrangers un modèle à imiter. Nous constatons dès le début du XVIIᵉ siècle des correspondances écrites en français par des écrivains étrangers, comme celle de Christine de Suède avec René Descartes, ou le choix de Gottfried Wilhelm Leibniz pour écrire ces traités scientifiques en français. Au XVIIIᵉ siècle le français est largement utilisé par les scientifiques étrangers dans leurs sciences et leurs doctrines, comme L'Abbé Galiani, Francesco Caraccioli, ou le prince Gallitzin. En fait, le français devint à ce siècle, la langue de l'élite européenne. Plusieurs mémorialistes, tels que la Margrave de Bayreuth, Giovanni Casanova ou Carlo Goldoni ont fait le choix d'écrire en français grâce à l'image véhiculée par cette langue, et de l'indépendance d'esprit. Outre ces romanciers, il y a également Ian Potocki, historien des antiquités slaves et auteur de farces comme *Parades* (1793) et du roman *Manuscrit trouvé à Saragosse* (1804) un récit à tendance picaresque, où s'entremêlent le fantastique, l'humour, l'exotisme, l'érotisme et la philosophie. S'ajoutent à ces écrivains francophones, des écrivains étrangers qui ont séjourné à Paris dans le but de s'imprégner de la littérature et de la culture françaises. Ces amoureux de la langue venant de la Russie, de la Grèce, de la Pologne, de la Roumanie, ou d'Amérique latine, avaient comme but, de se lancer dans une carrière d'écrivain francophone, à l'instar de Stuart Merrill et Viélé Griffin, Teodor de Wyzewa et Goerg Brandés, August

---

[1.] Ibid., p. 15.

Strindberg et Oscar Wills Wilde, Gomez-Carrillo et Léa Golberg.

Le XIX\ :sup:`e` siècle se caractérise par le phénomène d'émigration intellectuelle, car à cette période, une vague d'émigration de penseurs, d'écrivains et de philosophes de plusieurs pays d'Europe est venue s'installer en France. Le pays et la langue représentent pour ces élites étrangères, les idées avancées, le rayonnement culturel, et plus particulièrement l'image de l'esprit réactionnaire. A cette période et notamment à partir de 1830, la France demeure en position de force, ce qui conforte en conséquence l'expansion de la langue hors d'Europe. Ce développement se manifeste par des conquêtes militaires comme l'expédition militaire en Algérie en 1830. Cette conquête de colonisation favorise l'expansion du français en Algérie : « La francophonie a été liée à des conquêtes, souvent militaires (…) Le principal moyen de propagation du français hors d'Europe a été cet ensemble de guerres et de conquêtes. »[1] Les conquêtes militaires, le rôle joué par les missionnaires et l'enseignement français sont des facteurs parmi d'autres qui ont contribué à la propagation de la langue française en Algérie. Plusieurs élites francophones d'origine algérienne se sont formées grâce à la loi de Jules Ferry concernant l'enseignement du français obligatoire. Cette période relève d'une politique d'assimilation, qui consiste à étendre une seule langue au sein de tout l'empire colonial français, d'où l'introduction du français au Liban en 1920 grâce aux missionnaires. La première moitié du XXe siècle présente l'émergence de jeunes penseurs francophones des pays colonisés, comme l'Algérie. Cette classe d'élites issues des écoles françaises commence d'emblée dans son écriture par la revendication et la reconnaissance des cultures et langues d'origine. A la fin de la deuxième guerre mondiale, plusieurs écrits ont mis en relief la culture de l'indigène, d'où la naissance des littératures étrangères écrites en français, comme la littérature algérienne d'expression française, qui s'est manifestée dans la période de l'entre deux guerres et qui s'est développée considérablement à travers plusieurs générations d'écrivains tels que Jean Amrouche.

[1.] Ibid., p. 3 et 7.

Pendant la seconde moitié du XXᵉ siècle, le français a cessé d'être la langue officielle des pays autrefois colonisés et cela à la suite des indépendances. Néanmoins, il est resté la langue de la communication et de la revendication.

Le XXᵉ siècle marque un phénomène nouveau, celui de la propagation de la langue en Europe de l'Est, en Hongrie, en Bulgarie, en Roumanie et en Russie. Cet état de fait résulte d'un côté de la révolution d'octobre 1917 et d'un autre côté de ce que la langue française leur a véhiculé dans l'Histoire, car la langue n'a cessé d'être enseignée en tant que véhiculaire de la culture et de la littérature. Les événements historiques et politiques des pays communistes, ont accentué le phénomène d'émigration vers Paris. Nous constatons à partir des années vingt un engouement assez conséquent des écrivains émigrés russes vers l'Europe et en particulier vers la France. La classe d'élite contribue fortement à l'ouverture de la littérature russe vers l'Occident. Elle permet de reprendre l'Age d'Argent de la vie littéraire du XVIIIᵉ et du XIXᵉ siècle, de la période de Pierre le Grand. La littérature russe émigrée atteste en conséquence, d'un véritable échange littéraire et linguistique avec le monde occidental. Plusieurs écrivains russes se sont installés et ont formé une diaspora en exil et par conséquent, ont subi bon gré, mal gré, un passage par la francophonie, tel que l'écrivain russe Alexandre Soljenitsyne. Ces écrivains de l'exil avaient un seul but, celui de rompre avec leur passé, cherchant un refuge dans l'écriture francophone. Parmi ces romanciers, nous pouvons citer Arthur Adamov, qui en fuyant la Révolution d'octobre en Russie finit par s'installer en France en 1924 et se lance ainsi dans l'écriture en français, dans un cadre autobiographique, à l'instar de *L'aveu* (1945), *L'homme et l'enfant* (1968), *Je...ils* (1969). Nous pouvons citer également Vintila Horia, qui quitte la Roumanie en 1945 et décide d'écrire ses souffrances en exil dans *Dieu est né en exil* (1960). Il y a aussi le tchèque Milan Kundera, qui s'exile en France en 1975 afin de raconter les conséquences du totalitarisme européen dans *Les testaments trahis* (1993). En tout état de cause, le principal facteur de propagation de la francophonie au XXᵉ siècle se restreint, tantôt par le phénomène de colonisation, tantôt par le phénomène d'émigration. Outre ces deux paramètres, ce siècle se caractérise par la propagation de la langue par le biais de l'enseignement. Les écoles françaises se sont installées à l'étranger, notamment au Proche-Orient et ont joué par conséquent un rôle primordial dans le développement de la langue. En outre, la publication de périodiques en langue française a souvent joué un rôle important dans la propagation de la langue, tel que *Le messager de l'Europe* [*Wiestnik Europié*] (1997) en Russie.

La propagation de la francophonie s'est faite également grâce aux circonstances familiales, couples mixtes, familles exilées et familles désunies. Le cas le plus frappant est celui d'Eugène Ionesco, né en Roumanie de père roumain et de mère française, ou celui de Nathalie Sarraute, de père russe venant s'installer à Paris, d'où son roman *Enfance* (1983). Nous pouvons citer enfin Andreï Makine, dont une grand-mère normande venue s'installer en Sibérie à côté d'un époux cosaque, est arrivée à faire aimer au romancier la langue française, d'où son roman *Le testament français* (1995). Le XXe siècle présente également des écrivains d'expression française qui sans appartenir à une collectivité francophone ont choisi délibérément d'écrire en français. Toutefois, cette catégorie d'écrivains demeure marginale et présente une démarche plutôt individuelle. L'écriture francophone a permis à travers les siècles une bonne compréhension des hommes. Grâce à ces littératures étrangères d'expression française, le lecteur a pu comprendre le développement de l'histoire littéraire et culturelle des pays. A ce propos Michel Tétu affirme : « A travers la langue française nous pouvons mieux comprendre, comme dans un microcosme, le développement de l'histoire culturelle du monde qui suit à l'échelle des nations celle des individus et des familles. »[1] Ces littératures étrangères d'expression française présentent de surcroît, une thématique assez spécifique, suivant l'identité, la culture et la perception de l'individu et du groupe. Cette thématique vaste et authentique, traite maintes problématiques, entre autres, le thème de l'enfance dans des récits autobiographiques, à l'instar de l'écrivain algérienne Fadhma

---

[1.] M. TETU, « Langue française, civilisation et littérature d'expression française », in *Guide culturel*, Paris, CLEF, 1997, p. 48.

Amrouche dans *Histoire de ma vie* (1968), ou le thème de la lutte, telle que la romancière acadienne Antonine Maillet dans *Pélagie-la-Charrette* (1979). Il y a également un réel intérêt des écrivains francophones pour des thèmes comme l'exclusion et la misère, à l'instar des écrits algériens de Mohammed Did, *La Grande Maison* (1952) ou des écrits québécois de la romancière Marie-Claire Blais, *Une saison dans la vie d'Emmanuel* (1965). Nous relevons en outre, des thèmes sur le féminisme et le patriarcat, notamment chez les romancières francophones, telle que l'algérienne Assia Djebar dans *Les Alouettes naïves* (1967), ou chez la québécoise Nicole Brossard dans *Le Centre blanc* (1970) et *Le Désert mauve* (1987). Dans cette écriture féministe francophone se montre un réel intérêt porté à la femme, à l'expression de l'intime et du corps. En ce sens, le français ouvre la voie de la liberté d'expression contre les contraintes de religions, de coutumes, de traditions et en sus des contraintes d'ordre politique. Cette liberté nous la rencontrons dans les textes maghrébins, où nous relevons un réel déferlement des fantasmes sexuels, comme dans les romans de Rachid Boujedra, d'Abdelwaheb Medded, ou ceux d'Assia Djebar, qui voit dans la langue française une sorte de *« sortie du harem »*. La langue française est donc la langue de la solitude et la transgression féminines : « Écrire en langue étrangère devient presque faire l'amour hors la loi ancestrale. »[1] Le choix du français comme langue d'écriture pour les écrivains d'expression française est le lieu d'une réelle liberté d'expression. Cette liberté est d'abord celle d'une langue laïque, indépendante de l'autorité religieuse, celle que Rachid Mimouni utilise dans son pamphlet *De l'intégrisme en général et du FIS en particulier* (1991) :

« Passée la première génération des écrivains maghrébins, qui n'avait d'autre ressource que d'écrire en français, nombreux sont ceux qui, aujourd'hui bilingues, continuent à écrire en français au nom de la liberté que cette langue autorise, en comparaison avec l'arabe (…) surtout pour des raisons morales et religieuses. »[2]

---

[1] J.-L. JOUBERT et alii., *Les littératures francophones depuis 1945*, Paris, Bordas, 1986, p. 176 et sq.
[2] D. COMBE, *Poétiques francophones*, op. cit., p. 80.

PROBLEMATIQUE :

Selon les affirmations parues le 26 juin 1997 dans le magazine *Francophonies* consacré à l'actualité de la francophonie dans le monde, nous notons ceci : « La francophonie est, avant tout, la communauté d'une langue en partage. Celle-ci se parle sur cinq continents, (…). La francophonie est aussi une culture, (…). La francophonie est donc l'affirmation d'un droit à la différence, et spécialement du droit à ne pas succomber à un mode unique de pensée et d'expression. En outre, elle recèle une conception de la solidarité entre ceux qui ont le français en partage. »[1] Etant créée à la fin du XIXe siècle, plus précisément en 1880 par le célèbre géographe Onésime Reclus, la francophonie désigne à la fois l'ensemble des pays où existe une littérature écrite en français comme en Algérie ou au Québec, et tout écrivain qui s'exprime dans sa langue d'écriture en français, même si le pays dans lequel il se trouve ne l'est pas, le cas de la Russie. Après une longue absence de près d'un siècle, le mot réapparaît au XXe siècle à l'occasion de la publication du numéro spécial de la revue *Esprit* en novembre 1962 et cela grâce aux articles de Camille Bourniquel, Pierre-Henri Simon, Jean Pellerin et surtout Norodom Sihanouk et Léopold Sédar Senghor. Ces écrivains ont fait renaître le terme sous un nouveau cadre, ils le présentent dans une communauté de pensée et de culture. La langue française devient porteuse de symbole, elle devient porteuse du message d'égalité hérité de la Révolution de 1789, d'où l'emploi du mot « *francité* », qui renvoie la langue à une vision du monde. Léopold Sédar Senghor affirme : « La francophonie c'est, par-delà la langue, la civilisation française : plus précisément l'esprit de la culture française que j'appellerai la francité. »[2] En tout état de cause, nous pourrions distinguer une géographie de la francophonie. Le premier ensemble est constitué des pays où le français est langue maternelle des

---

[1] Cité d'après D. BRAHIMI, *Langue et Littératures francophones*, op. cit., p. 22.
[2] X. DENIAU, La Francophonie, Paris, PUF, coll. « Que sais-je ? », 1983, p. 13.

écrivains : Belgique, Suisse et Québec. Le second ensemble regroupe les pays où le français s'est développé comme langue de colonisation et subsiste comme langue de culture et de communication, à l'instar de l'Afrique noire ou du Maghreb. Le troisième ensemble est celui des îles, des pays créolophones comme les Antilles, Haïti, Guyane, Réunion, Maurice et Seychelles, où le français est langue officielle ou langue d'usage, et finalement, le quatrième et le dernier ensemble comporte des écrivains plutôt que des pays. Ils sont originaires d'Europe centrale, d'Europe de l'Est ou du Proche-Orient, et d'ailleurs, ces écrivains ont choisi délibérément de s'exprimer en français ou ont été amenés à le faire de par les circonstances familiales ou historiques, tel que l'exil forcé. Notre étude porte sur le premier, le second et le dernier axe. Notre travail repose sur deux paramètres, nous distinguons de prime abord la francophonie de naissance et en second lieu la francophonie de destination.[1] Nous tenterons dans notre travail de mettre l'accent sur le phénomène de la francophonie et ses origines. L'intérêt de ce terrain d'observation est de rapprocher les littératures francophones entre elles. Il s'agit de mettre en lumière l'unité et la diversité des littératures en français.

Le roman francophone québécois marque une évolution remarquable à cette période de la *« révolution tranquille »* des années soixante, dans laquelle la langue d'écriture s'est spécifiée dans le joual. Il en va de même pour le roman algérien d'expression française qui s'est singularisé par une thématique originale. Quant au roman russe francophone de l'exil, il se distingue par une littérature purement dissidente. Somme toute, les années soixante rendent compte d'une authenticité et d'une autonomie littéraire du roman francophone. Cette créativité touche à la fois le contenu et la langue. Cette période rend compte également d'une réelle affirmation sociale, culturelle, littéraire et linguistique.

Par ailleurs, dans le cadre de ce travail, nous essayons de cerner le roman francophone à travers la problématique féminine. Nous tentons d'expliquer les différents paramètres de l'univers féminin dans l'espace du roman francophone. Nous tenterons

---

[1] Cf. O. Reclus, *France, Algérie et colonies*, Paris, Hachette, 1880.

aussi de comprendre l'évolution du personnage féminin dans l'imaginaire des écrivains étrangers d'expression française, car la question féminine a rencontré plusieurs expansions dans le temps. La majorité des oeuvres littéraires francophones la présentait autrefois dans des figures d'abandon et de soumission. Ces textes proclamaient aussi le refus de la claustration féminine et la nécessité d'une révolution contre les normes de la société patriarcale. Père, frère ou mari, le personnage masculin représentait le désarroi et la souffrance de l'héroïne, et cela touche plus ou moins toutes les cultures et les littératures francophones, à l'instar du roman québécois d'Anne Hébert, *Les fous de Bassan* (1984), qui évoque le sort de deux jeunes adolescentes, qui subissaient dans le temps d'avant des pratiques dites religieuses, ou du roman algérien d'expression française d'Aïcha Lemsine, *La Chrysalide* (1976), qui raconte méticuleusement la condition féminine, vue sous l'aspect de la tradition, ou voire même le roman russe d'Anna Akhmatova, *Requiem* (1940), qui expose aussi la survie des femmes pendant la guerre. Le thème de la femme a toujours eu un rôle fort important dans toutes les cultures et les littératures du monde. L'image féminine nourrit l'imagination collective et c'est ainsi que sa présence s'est imposée dans la production du savoir. Le féminin devient un objet de recherche se développant de jour en jour sous le regard des romanciers, des critiques et des littéraires. Le domaine de la littérature nous permet manifestement de découvrir et de scruter ce monde romanesque bien particulier. La représentation féminine s'est modelée donc au gré des cultures, des religions, des coutumes et des traditions. Elle se trouve marquée par le sceau culturel de chaque auteur. Ce fait apportera à notre travail une grande richesse culturelle et littéraire. En outre, l'image de la femme dans les littératures n'est guère véhiculée en aparté, mais entourée d'un appareil de circonstances, dont le personnage masculin est le pivot. Le personnage féminin occupe malgré lui un univers de comparse, d'exclusion, d'humiliation et de soumission. Cette dualité entre le masculin et le féminin représente depuis la nuit des temps un problème de taille dans toutes les littératures, et chacune le traite à sa façon. Par conséquent, le thème de la femme ne peut être abordé que dans son opposition à l'homme. Cependant, la problématique féminine a connu depuis, une phase de rebondissements, elle se trouve entourée par de nouveaux traits. Ce fait, nous incite à nous lancer dans l'analyse d'une représentation féminine jugée singulière. Compte tenu de cette nouvelle image et toujours dans le rapport de cette exploration, nous nous sommes intéressés à l'étude du personnage féminin dans trois romans francophones, de cultures, de traditions, de coutumes et de religions différentes. Nous nous sommes projetés dans l'analyse comparée du roman francophone québécois *Va savoir* de Réjean Ducharme, publié aux éditions Gallimard à Paris en 1994, du roman algérien d'expression française *Agave* de Hawa Djabali, publié aux éditions Publisud à Paris en 1983 et enfin, du roman francophone russe *La Femme qui attendait* d'Andreï Makine, publié aux éditions du Seuil à Paris en 2004.[1] Le choix de ces trois romans réside, en premier lieu, dans leur appartenance à une période contemporaine, le XXe et le XXIe. En second lieu, nous constatons qu'en dépit des différences littéraires et culturelles, les trois textes sont écrits dans une même langue. Le choix de la langue française comme langue d'écriture, nous incite à explorer le domaine de la francophonie. En ce sens, nous nous lançons dans une analyse comparée des littératures étrangères écrites en français. Dès lors, notre analyse portera sur la perception romanesque du personnage féminin francophone. Notre préoccupation première est de comprendre comment l'héroïne est rendue présente dans ce champ romanesque, s'agit-il d'une présence concrète, ou d'une simple conception abstraite ? Notre intérêt premier est de nous intéresser à l'image de la femme et de son rapport au récit en tant qu'actant, ainsi que de son rapport aux autres personnages. Notre préoccupation première est d'abord la place occupée par le personnage sur le plan structural et thématique.

A ce titre, plusieurs hypothèses seront énoncées. Nous cherchons à comprendre comment ces trois auteurs francophones d'origines différentes ont mis en place le

---

[1.] Tout au long de notre travail, nous utiliserons des abréviations pour indiquer les titres des trois romans : VS. pour le roman *Va savoir*, AG. pour le roman *Agave* et FA. pour le roman *La Femme qui attendait*.

personnage féminin. Ce dernier est-il sujet ou objet de sa représentation ? Suit-il un processus pour définir son rôle ou sa place narratologique ? Existe-t-il une rupture de représentation avec les héroïnes francophones d'autrefois ? Y-a-t-il une réelle représentation ? En somme, comment le roman francophone contemporain représente-il l'héroïne ? Pour répondre à cet ensemble de question, nous jugeons utile d'entamer notre travail par une étude littéraire évolutive, des trois romans francophones. En second lieu, nous cernerons le contenu des trois univers romanesques pour comprendre et découvrir l'imaginaire littéraire et culturel de chaque roman. Parallèlement, nous procéderons à une étude comparée, qui joue un rôle fondamental dans notre analyse, et nous permet l'entrecroisement des phénomènes littéraires bien complexes. Nous démontrerons dans chaque univers francophone : québécois, algérien et russe des rapprochements, des analogies, mais aussi des différences. Yves Chevrel avance : « La littérature comparée est une façon de procéder, une mise à l'épreuve d'hypothèse, un mode d'interrogation des textes. »[1]
Pour une analyse précise des deux problématiques
« *Francophonie et représentations du féminin* », il est nécessaire de diviser notre travail en deux grandes parties. La première partie intitulée « Aperçu du roman francophone québécois, algérien et russe » est une interrogation sur le rapport francophone des trois œuvres littéraires. Cette partie traite l'évolution littéraire de chaque roman. Nous essaierons d'analyser entre autre, la spécificité de chaque littérature, en mettant l'accent sur le phénomène de la francophonie. Ce paramètre est un apport de base par rapport à la partie qui suit. La deuxième partie intitulée « Entre subversion et érosion de l'héroïne francophone » aborde la nature de la représentation féminine. Notre intérêt premier dans cette partie se focalise sur la construction de l'héroïne et son rapport aux autres personnages et à l'histoire racontée. Nous essayons de comprendre la constitution de son image à l'intérieur du champ romanesque francophone. En ce sens, nous nous intéressons au

---

[1] Y. CHEVREL, *Précis de littérature comparée*, Paris, Presses Universitaires de France, 1989, p. 8.

personnage féminin dans son rôle fonctionnel et actantiel. Nous tentons de comprendre le rôle octroyé à l'héroïne au sein de la trame narrative. S'agit-il d'un personnage dirigeant, maître du fonctionnement de l'histoire, ou d'un simple agent subissant les faits ? En tout état de cause, l'ensemble de notre analyse se divise en deux axes. Le premier axe est une interrogation sur la problématique francophone des trois œuvres littéraires, d'où l'utilité d'une étude historique et littéraire de chaque roman francophone. Le deuxième axe cerne la problématique féminine, d'où des interrogations sur les modalités du *« faire »* et de *« l'être »* de l'héroïne. Enfin, en annexes, nous présenterons les résumés des trois romans à étudier ainsi qu'une présentation explicative des termes contenus dans les trois romans.

PREMIERE PARTIE :
APERCU DU ROMAN FRANCOPHONE QUEBECOIS,
ALGERIEN ET RUSSE.

INTRODUCTION :

Étant introduite en Gaule par l'intermédiaire de la conquête romaine, la langue française doit de prime abord son avènement aux conquêtes et aux croisades, qui ont fort accentué au Moyen Âge sa propagation. Denise Brahimi écrit dans *Langue et littératures francophones* : « La francophonie a été liée à des conquêtes, souvent militaires. »[1] Nous notons à partir du XVIe siècle une réelle avancée de la langue française sur le continent américain, plus précisément au Canada. Encore une fois, son introduction s'est faite grâce aux voyages des missionnaires et aux conquêtes militaires. L'extension de la langue française se détermine au XVIIe siècle, où elle se répand dans divers pays du monde. A cette remarquable propagation, plusieurs faits historiques ont contribué dans l'instauration de la langue française hors Europe. Entre autres, la fondation du Québec en 1608 par Samuel de Champlain. En ce sens, le Québec devient en 1627 le premier pays francophone hors Europe.

Par ailleurs, le XVIIIe siècle réalise une importante expansion de la langue à l'intérieur et à l'extérieur de l'Europe. Compte tenu du travail approfondi accompli sur la langue au siècle précédent, la langue française acquiert une renommée et devient par conséquent, la langue du savoir et des Lumières, voire la langue universelle pratiquée par une grande majorité des élites. Outre cet ensemble de symboles représentatifs de la langue, celle-ci devient au XIXe siècle la langue de la révolution et de la liberté. La révolution française de 1789 a fasciné maints écrivains engagés à l'intérieur et à l'extérieur de l'Europe. Ce fait a incité leur installation en France, afin de découvrir la langue et la littérature française par le biais des cercles et des salons littéraires.

Le XIXe siècle marque dans le domaine historique la présence française en Algérie. La conquête française de 1830 donne naissance à une arrivée importante de colons. Étant donné sa position littéraire et linguistique, la France a exigé un renforcement de l'enseignement français dans diverses colonies, au détriment des langues maternelles, telles que la langue arabe

---

[1.] D. BRAHIMI, *Langue et littératures francophones*, op. cit., p. 3.

et la langue berbère. La politique d'assimilation a favorisé l'avènement au XXe siècle et notamment dans la période de l'entre-deux-guerres d'une génération d'écrivains algériens d'expression française. Ces derniers relèvent d'une très riche production littéraire, qui apportera à la littérature française un important renouvellement thématique. Toutefois, nous notons à partir des années vingt une ouverture assez importante des écrivains russes sur la langue française. Car après la prise du pouvoir russe par les bolcheviques, suite à la révolution d'octobre 1917, une vague d'émigration assez importante s'est installée en France, dont des romanciers, qui ont opté pour la langue française dans le choix de leur écriture. Cette nouvelle voie de la francophonie diverge par rapport à la précédente. Car si autrefois, la propagation de la langue française s'est effectuée grâce à des conquêtes tels qu'au Québec et en Algérie, désormais, son expansion est due au phénomène de l'émigration. En somme, ces trois aires de culture, de tradition, d'origine et de religion différentes, nous incitent, en dépit de leur divergence, à nous interroger sur leur étendue littéraire. Par conséquent, nous essaierons d'étudier le parcours littéraire du roman francophone sur trois paramètres : En premier lieu, nous nous intéresserons aux écrivains francophones dont le français est la langue maternelle, tels que les romanciers québécois. En second lieu, nous mettrons l'accent sur les écrivains francophones dont le français s'est développé par le biais de la colonisation, c'est le cas des romanciers algériens. Et finalement, le troisième et dernier axe comporte les écrivains et non pas leur pays. Il s'agit des écrivains originaires de la Russie, et qui ont choisi de s'exprimer dans la langue du pays d'accueil et ont été amenés à le faire par des circonstances, telles que l'exil. Dans ce volet, nous nous intéresserons à l'ensemble de la littérature russe de l'émigration. C'est-à-dire que nous aborderons à la fois les romans écrits en français, ainsi que les romans écrits en langue russe. En fait, ce dernier chapitre cerne l'ensemble de la littérature russe en exil.

I- ROMAN FRANCOPHONE QUEBECOIS :
1- Écriture de la Mémoire :

La littérature québécoise a connu dans le temps plusieurs évolutions, qui lui ont permis d'exister et de s'imposer parmi les littératures du monde. D'emblée, cette littérature tentait d'occuper une place importante et cela a commencé d'abord par le choix du nom. La dénomination demeure diversifiée, plusieurs appellations se sont succédées afin de marquer l'autonomie et la spécificité littéraire, d'où littérature québécoise. Cette dernière appellation perdure jusqu'à nos jours. Toutefois, la littérature canadienne-française du XVIIe siècle était beaucoup plus basée sur les relations de voyage. En outre, dans cette période du régime français, plusieurs romanciers développaient une tradition basée sur les contes populaires. Ces écrits révèlent une utilisation parfaite de la langue française, qui leur permet de raconter leur patriotisme, ainsi que leur catholicisme. Cependant, depuis le renoncement de la France au Québec par le traité de Paris en 1763, le pays n'a cessé de subir diverses influences, d'ordre historique, politique, économique et notamment linguistique. Le changement se manifeste en particulier sur le plan littéraire. Nous constatons après la conquête anglaise, le repli du peuple canadien-français sur lui-même et en conséquence, son enfoncement dans la mémoire d'un passé autrefois glorieux. Cette nostalgie littéraire donne naissance à une littérature purement passéiste : « La prise de possession définitive du pays par les Anglais reste un profond traumatisme national. (…) Nous sommes un peuple douloureusement tourné vers le passé. (…) et notre devise qui est souvenance se dit : Je me souviens. (…) Voilà la clé de notre littérature de 1760 à nos jours ».[1]

A partir du XVIIIe siècle, la littérature canadienne-française évolue à travers plusieurs rebondissements. La première période est caractérisée par l'isolement et le repli sur soi. En outre, la fin du XVIIIe siècle et le début du XIXe présente une littérature vivant dans son propre passé et qui se limite dans la mémoire

---

[1.] In *Littératures de langue française hors de France*, Anthologie didactique, Sèvres, FIPF, 1976, p. 428 et sq.

collective. Remarquons également, que cette littérature existait par rapport à d'autres modèles littéraires étrangers. La majorité des romanciers s'inspiraient des écrivains français, considérés comme des repères pour la littérature canadienne francophone. De cette période découle une écriture à la fois historique, patriotique et catholique. Le roman de Philippe-Aubert de Gaspé, *Anciens Canadiens* (1863), ou celui de Laure Conan, *Angeline de Montbrun* (1884) présentent un univers romanesque riche en matière de nationalisme. Ces textes prônent pour la préservation de la mémoire collective, de la langue, des us et des coutumes canadiens. Le XIXe siècle représente une période marquante dans l'histoire littéraire canadienne. Inspirés autrefois des modèles littéraires français, les écrivains canadiens-français se sont déployés, afin de donner une spécificité à leurs écrits. A cette période, les romanciers manifestaient une prédominance réelle du contenu sur la forme. Les textes étaient beaucoup plus travaillés sur le fond, voire l'aspect thématique que sur le contenant, c'est-à- dire la langue. L'écrivain se montrait plus sensible à la structure du contenu, d'où l'inspiration patriotique et religieuse. Ces écrits évoquaient une simplicité dans la description du quotidien des canadiens-français, relatés avec exactitude et une description méticuleuse. Dès lors, cette caractéristique donnait une couleur locale au roman, qui ne cessait de dépeindre un portrait fidèle de la vie des français d'outre-mer. L'expression du patriotisme et du catholicisme sont deux éléments de base composant l'œuvre littéraire de cette période. Ces deux constituants développaient une sorte de qualité virtuelle, qui se distingue par l'élévation de la pensée. A ce titre, la prépondérance du fond dans les œuvres canadiennes n'exclut guère l'importance octroyée à la langue. Les écrivains accordaient une place primordiale à la langue française, à cet héritage qui les lie à la mère-patrie. Le recueil de poèmes de Louis Fréchette, *Pêle-mêle* (1877) témoigne d'une utilisation soutenue de la langue. En la circonstance, les écrivains développaient un sentiment de francité, qui les incitait à se préoccuper de plus en plus de la langue française. Cet attachement suscite l'émergence d'un sentiment de francophilie chez la majorité des romanciers. L'œuvre historique de François-Xavier Garneau, *Histoire du Canada* (de 1845 à 1848) figure parmi les plus grands ouvrages[1] décrivant à la fois cet amour de la langue, de la mère-patrie et de la foi chrétienne. L'auteur est considéré comme parmi les pionniers de l'école historique au Canada. Cet ouvrage présente une maîtrise parfaite de la langue, relevant des qualités de style, ainsi qu'une description minutieuse du Canada et de la France. Cette fidélité relevée dans le fond et dans la forme laisse les lecteurs, entre autre le lecteur français charmé face à cette originalité : « "Le cadre où le récit est placé lui donne un intérêt particulier pour les lecteurs français. Le Canada séparé de la France, est resté une terre française et catholique. Sa prospérité merveilleuse, qui a pour raison la vertu de notre foi et les meilleurs qualités de notre race, est une joie et un honneur pour la mère-patrie". »[2] En tout état de cause, le lectorat français se montrait à la fois curieux vis-à-vis de cette littérature fidèle à la mère-patrie, dont les écrits exprimaient un sentiment de francophilie à l'égard de la langue et une fidélité profonde pour la nation et la religion. Cependant, cet ensemble d'appréciation ne perdure pas longtemps, car à partir de la seconde moitié du XIXe siècle, le lecteur change d'horizon. Les critiques et les littéraires entre autres français, jugeaient cette littérature trop passéiste, puriste et trop conventionnelle aux modèles préconçus. Le romancier demeure très attaché à son passé, à sa terre, à ses origines, à ses mœurs et à ses traditions. Le roman s'enfonçait dans l'ancien modèle, sans vouloir se rénover et se projeter vers une nouvelle écriture. Victor Du Bled nous décrit explicitement les traits principaux de cette écriture : « Se retremper sans cesse dans l'écriture du passé, ressusciter les glorieuses annales, recueillir avec un soin pieux ses légendes, s'identifier aussi avec le présent, peindre les mœurs, la vie sociale contemporaine, noter et nous traduire la majestueuse symphonie de la terre

---

[1] L'œuvre de Pierre Joseph Olivier CHAUVEAU, *Charles Guérin* (1853) et celle de Joseph-Guillaume BARTHE, *Le Canada reconquis* (1853) suscitaient aussi un grand intérêt, car elles marquaient l'histoire littéraire canadienne-française du XIXe siècle. Elles demeuraient parmi les textes les plus commentés jusqu'en 1880.
[2] Cité d'après P. HEBERT, « Littérature québécoise », in *Voix et images*, Montréal, Université du Québec à Montréal, N°32, hiver 1986, p. 277.

canadienne, (...) tel est pour longtemps encore, le rôle, le devoir des écrivains canadiens (...). »[1] Désormais, le lecteur s'attend à un changement pour le roman canadien-français. Cet état de fait transforme les jugements sympathiques d'autrefois. Si les critiques littéraires étaient subjectifs, ils tendent à présent à se montrer beaucoup plus rationnels. La nouvelle lecture exprime très souvent la sévérité vis-à-vis des textes canadiens. En somme, la critique entre dans une nouvelle ère, celle du soupçon. Si l'œuvre de François-Xavier Garneau a suscité tant d'intérêt auprès des critiques littéraires, d'ores et déjà, la littérature canadienne doit se soumettre à une analyse rigoureuse, remettant en cause le fond et la forme. Les textes à tendance patriotiques et religieux sont jugés comme très idéologiques et l'utilisation de la langue française est évaluée comme peu conforme aux normes établies par les critiques littéraires de l'Hexagone. En guise de conclusion, nous constatons l'émergence d'un nouvel horizon d'attente, qui exige à la fois le changement du contenu, le souci de la langue et l'intérêt à se référer aux modèles littéraires français. Après l'expression du patriotisme et du catholicisme, il est impératif de respecter méticuleusement l'aspect formel. La problématique de la forme et du fond a touché la littérature canadienne francophone pendant très longtemps, voire jusqu'au début du XXe siècle.

[1.] V. DU BLED, « La vie politique, sociale et littéraire au Canada (1840-1884) », in *Revue des deux mondes*, France, 15 février 1885, p. 880.

2- Recherche d'autonomie littéraire :

Le changement d'horizon d'attente donne naissance en 1895 à l'école littéraire de Montréal, née d'un volume collectif intitulé *Soirées*. Jean Charbonneau, son fondateur, tente de rénover cette littérature, en préservant la langue du barbarisme et de l'anglicisme. Il est fondamental à présent de donner à la langue sa juste valeur en s'inspirant du parnasse et du symbolisme de Paris. Toutefois, l'école littéraire de Montréal, produisait un sentiment d'idéalisme et de purisme au sein de la littérature canadienne. Ses textes exprimaient une fidélité littéraire exagérée par rapport aux romanciers de France. Prendre le modèle littéraire français comme repère engendre en ce sens une problématique de taille. Les romanciers canadiens-français s'immergeaient dans une phase d'imitation par rapport aux grands classiques français. Manifestement, l'écrivain se trouvait confronté au pastiche. En conséquence, les textes perdaient toutes leur originalité et leur authenticité. Jacques Feyrol explique clairement cette lacune littéraire de la deuxième moitié du XIXe siècle : « Malheureusement le cachet d'originalité qui faisait le charme principal de la littérature canadienne tend à disparaître chaque jour, ce changement est dû clairement à l'influence des productions de France ; les écrivains du Canada ont subi la séduction, et ils cessent d'être eux-mêmes, pour devenir des copistes de nos auteurs à la mode. »[1] Le changement d'horizon d'attente des lecteurs et l'exigence des critiques, entre autres français, donnent naissance à « *la théorie du retard* »[2] au sein de la littérature canadienne. L'œuvre littéraire du XIXe siècle se trouve donc tiraillée entre le sentiment de sympathie des lecteurs et l'exigence de la critique, entre le fond et la forme, entre le canadianisme et les modèles français.

---

[1] J. FEYROL, *Les français en Amérique. Canada-Acadie-Louisianne*, Montréal, H. Lecène et H. Oudin, 1886, p. 105.
[2] V. ROSSEL pense que la littérature canadienne-française est très isolée sur elle-même et manifeste une faiblesse au niveau de la forme, d'où la notion du retard. L'évolution de cette littérature passe fondamentalement par les mouvements littéraires de France.

Après la deuxième guerre mondiale un changement de centre d'intérêt littéraire se manifeste, nous assistons à l'émergence du populisme, voire du néo-réalisme. Le roman ne décrit plus l'espace des forêts canadiennes ou le patriotisme exacerbé d'autrefois, car désormais le roman se dirige vers la ville, afin de raconter le danger de l'urbanisation et de l'industrialisation, d'où la présence des thèmes de la solitude et des angoisses des immigrants au sein de la ville : « Ce sont ces thèmes, ces angoisses, ces colères, qui animent l'œuvre de grand romanciers. »[1] Les thèmes de l'inquiétude, de la colère, du désespoir et de l'ironie dominent l'œuvre littéraire de la première moitié du XXe siècle. En outre, les romanciers, à l'instar de Gabrielle Roy dans *Bonheur d'Occasion* (1945), ou d'Hubert Aquin dans *Prochain Épisode* (1965), sont beaucoup plus préoccupés par le marxisme, la psychanalyse, l'existentialisme ainsi que le Nouveau roman. A partir des années soixante, nous assistons à l'affirmation de la littérature québécoise. Cette autonomie littéraire se présente grâce aux mouvements de *la révolution tranquille*[2] et de la revue *Parti pris*, qui n'ont cessé de revendiquer l'affirmation de l'identité littéraire québécoise, dont l'utilisation du joual[3] comme langue d'écriture. Cette langue populaire est utilisée par les grands écrivains canadiens, à l'instar de Réjean Ducharme. Le choix de cette langue provocatrice vise en particulier à faire entendre la voix d'une caste sociale longtemps marginalisée. Donc, la littérature québécoise des années soixante montre une richesse dans la production littéraire. Elle se répartit et s'intéresse à divers domaines littéraires, qui autrefois étaient considérés comme interdits : « "Il est assez facile de savoir d'où vient le Canada-français, il est désormais impossible de prévoir où il va" ».[4]

[1.] L. THOORENS, *Panorama des littératures*, Paris, Gérard Marabout, 1970, p. 305.
[2.] Il s'agit d'une expression empruntée aux Américains et qui vise une réforme profonde sur tous les plans. Cette révolution est jugée tranquille dans la mesure où elle s'est effectuée sans la moindre expression de violence.
[3.] Voir infra., p. 43 et sq.
[4.] L. THOORENS, *Panorama des littératures*, op. cit., p. 301.

Nous constatons après les années soixante-dix une transformation au niveau des idéologies. L'influence de l'idéologie de mai 68 et des idéologies américaines métamorphosent la littérature québécoise et cela au nom de la modernité. Ces changements causent de prime abord l'effacement des valeurs identitaires, comme la langue française, le patriotisme et le catholicisme d'autrefois. Et la littérature comme la société québécoise s'enfoncent dans un individualisme et un pragmatisme considérables : « Quand le concept de modernité s'impose comme un impératif catégorique et ne tend qu'à faire table rase du passé, il conduit à couper l'homme de l'histoire et à le déposséder de lui-même. »[1]

A partir des années quatre-vingt et quatre-vingt dix, le roman québécois rencontre un nouveau phénomène littéraire, celui du mélange des genres. En refusant de suivre des modèles préconçus, les écrivains inventaient une nouvelle pratique littéraire, celle de l'introduction de plusieurs discours dans un seul texte. En ce sens, le narrateur passe facilement du discours social au discours poétique et du discours psychanalytique au discours épistolaire. Le « *métissage des genres* » remet en question la structure narrative du roman traditionnel. Le romancier met plus en valeur l'acte d'écrire que l'histoire racontée. Le roman de Louky Bernianik, *Le Pique-nique sur l'Acropole* (1979), ou celui de France Théoret, *Nécessairement putain* (1980) représentent fort bien cette nouvelle écriture. Par conséquent, le roman québécois de cette période est tiraillé entre deux écoles littéraires, celle du « *roman de l'écriture* » et celle du « *roman chronique.*» La première met beaucoup plus en relief l'acte d'écrire, en octroyant une faible importance à l'histoire racontée. Ce genre d'écriture était apprécié par l'intelligentsia et les institutions littéraires québécoises. En revanche, la deuxième école présente un roman à visée populaire, dans lequel le narrateur doit raconter une histoire, avec des personnages, un espace et un temps. La thématique demeure importante dans l'histoire racontée, car elle vise les problèmes de la vie sociale des québécois. Le roman de Michel

---

[1.] « La littérature du Québec », in *Lettres et cultures de langue française*, Paris, Adelf, N°20, 1er semestre 1994, p. 9.

Tremblay, *La grosse femme d'à côté est enceinte* (1978) connaît un grand succès, dans la mesure où il relate des aventures humaines. Le lecteur s'identifie et se reconnaît facilement dans ce genre d'histoire : « Il faut bien constater que les œuvres présentent au public un miroir, descriptif ou historique, dans lequel il se reconnaît ».[1]

---

[1] Ibid, p. 48.

3- Romans féminins : écriture de l'authenticité :

L'émergence de la production littéraire féminine québécoise a commencé officiellement au XIXe siècle grâce à la publication du roman *Angeline de Montbrun* de Laure Conan, en 1881. Cependant, cela n'exclut pas une présence antérieure de l'écriture féminine québécoise. Cette dernière commence par le genre épistolaire, plusieurs femmes s'intéressaient à la correspondance, car la lettre était la seule forme d'écriture accordée aux femmes, qui ne pouvaient se raconter publiquement. La lettre donnait la possibilité aux femmes de s'exprimer librement, en racontant leur vie intime. Le genre épistolaire est devenu par conséquent le seul moyen d'échange, préservant la discrétion. Des religieuses comme Jeanne-Charlotte Allamand-Berczy, se sont lancées dans cette perspective, afin d'accéder à l'écriture. Elles se racontaient sans être censurées ou dévoilées. Nous pouvons citer à ce propos Julie Roy dans *Francophonies d'Amérique* : « Si la femme s'est vue offrir le genre épistolaire comme lien de consécration unique de son écriture au XVIIIe siècle c'est parce que "tant qu'elle parle, de ses sentiments, de ses attentes, de son mal être, la femme n'est pas dangereuse. Elle n'empiète sur aucun territoire réservé, elle n'usurpe aucun pouvoir, creusant consciencieusement le sillon qu'on a tracé devant elle". »[1] Au début du XXe siècle, un conflit permanent s'introduisait entre l'écriture féminine et l'écriture masculine. Les écrivains femmes réfutaient la représentation stéréotypée de l'héroïne, chez les écrivains hommes. Car le personnage féminin était décrit dans une opposition catégorique d'espaces. En premier lieu, l'espace de la campagne et de la terre est associé à la femme, image de la passivité et du sédentarisme. En second lieu, l'espace de la forêt, de l'aventure et du danger est attribué à l'homme, d'où l'énergie, l'activité et l'action. Dans le roman de Louis Hémon, *Marie Chapelain* (1914), la mère de Chapdelaine opposait fort bien ces deux espaces catégoriquement et injustement différents. Dans le roman de

---

[1] J. TESSIER dir., *Francophonie d'Amérique*, Ottawa, les presses de l'université d'Ottawa, N°7, 1997, p. 227.

Félix-Antoine Savard *Menaud Maître draveur* (1937) la femme est également décrite dans un espace ferme. Le personnage féminin relève de la résignation, de l'inconscience, de la paresse et de la soumission : « Le romancier québécois est encore perceptible dans l'opposition entre les sédentaires, auxquels il associe Josime et surtout Marie, et les nomades, comme lui, (...) Il [Menaud][1] les perçoit comme des êtres soumis, incapables de se défendre et de faire valoir leur point de vue (...) Elles sont encore pour lui, un monde de douceur, (...) qui se contente de son sort et qui tente, (...) d'asservir l'homme. »[2] L'écriture féminine québécoise désapprouve cette image octroyée à l'ensemble des héroïnes, décrites dans la soumission, dans l'attente continuelle de l'homme et condamnées dans une société purement et durement phallocratique et patriarcale.

A partir des années soixante-dix, l'écriture féminine s'insurge contre ses clichés. A présent, l'écrivain femme prend la parole, afin de se raconter et en parallèle, de décrire la situation réelle de la femme dans la société québécoise, avec un certain réalisme, déplorant les difficultés et les conflits entre les deux sexes. Les années soixante-dix demeurent une période marquante dans l'histoire de la littérature féminine québécoise. Plusieurs mouvements et plusieurs associations féminines se sont créées, incitant en ce sens le développement de l'écriture féminine. Des éléments nouveaux ont surgi, entre autre l'émergence d'une nouvelle représentation féminine. En outre, l'année 1975 fut l'année internationale de la femme, à ce titre, nous assistons à un engouement pour l'écriture féminine. Anne Hébert, Marie-Claire Blais, Gabrielle Roy et d'autres romancières se sont déployées pour donner naissance à une nouvelle écriture féminine, caractérisée par l'authenticité et l'autonomie et témoignant de l'engagement féministe et littéraire. Les romans féminins de cette période font appel aux thèmes de l'amour, de la tendresse, de la révolution et la soif de la liberté. Cette écriture met en valeur deux éléments importants, celui de défendre la cause féminine et d'affirmer la

---

[1.] Menaud est le personnage principal du roman de Félix-Antoine SAVARD, *Menaud maître draveur,* Montréal/Paris, Fides, 1937.

[2.] In *Études canadiennes*, Paris, AFEC, N°39, 1995, p. 183 et sq.

littérature féminine québécoise. Cette dernière se spécifie notamment dans les années quatre-vingt, où elle change de vision par rapport aux années précédentes. A présent, elle met plus l'accent sur la quête de l'intime. Nous remarquons la forte présence des thèmes à caractère sensuel. Les fantasmes, le plaisir, et les pulsions s'introduisaient librement dans les écrits féminins. Le roman de Nicole Brossard, *Lettre aérienne*, (1985) fait partie intégrante de cette écriture féminine authentique, dans laquelle l'auteur développe le thème de lesbianisme : « Si je désire une femme, si une femme me désire, c'est qu'il y a un commencement à l'écriture. »[1] La revue littéraire francophone *Arcade* (1962), a joué un rôle fondamental dans l'affirmation de l'écriture féminine québécoise des années quatre-vingt. Elle est devenue un lien de réflexion sur le statut de la femme et, par conséquent, elle demeurait dérangeante auprès de la gente masculine. Néanmoins, la revue prônait une écriture authentique, elle ne proposait guère des modèles préconçus, dans la mesure où elle encourageait la pluralité et la liberté dans l'acte d'écrire. Ceci dit que la romancière est libre d'elle-même dans le choix de ses thèmes. L'écriture féminine québécoise manifestait un refus catégorique pour toute entrave ou limite dans l'imaginaire de l'écrivain. Si autrefois, la femme québécoise se laissait dire par l'homme, désormais, elle prend la parole afin de s'affirmer comme un sujet libre. Les années quatre-vingt dix demeurent une période marquante dans la libération de l'imaginaire féminin. L'écrivain femme devient un sujet de sa propre histoire, elle se libère enfin de toutes les conventions afin de se dévoiler et de raconter son corps et sa sensualité. La romancière met de plus en plus en valeur l'écriture érotique. Le roman de Pauline Harvey, *Un homme est une valse* (1992) est l'exemple par excellence, mettant en scène les différentes facettes de la femme moderne d'où l'expression du corps.

[1.] N. BROSSARD, *Lettre aérienne*, Montréal, éditions du Remue-Ménage, 1985, p. 19.

4- La langue de la subversion et de l'affirmation :

Le Québec se compose d'une société hétérogène, à l'intérieure de laquelle cohabite une diversité ethnique très riche. Constituée d'une majorité francophone par l'arrivée importante des Français au XVIe et d'une minorité d'origine britannique due à la conquête anglaise de 1760, le Québec donne à la langue française une place essentielle, elle est à la fois un outil et un repère identitaire. Toutefois, au cours de l'histoire du Québec, la langue française a connu plusieurs rebondissements. La conquête anglaise, l'évolution des idéologies et l'intégration des Québécois au mode de vie américain, sont des précurseurs parmi d'autres qui ont collaboré implicitement ou explicitement au développement de la langue. Après la conquête anglaise un changement radical s'imposait sur tous les niveaux. Les Anglais monopolisaient tous les domaines clés du pays. L'économie, le commerce, la politique et les institutions sont gérés par ces derniers, qui ne tardaient guère à imposer la langue anglaise comme langue de transaction et de pouvoir. En outre, l'industrialisation du pays par les Américains accentue la présence des cadres de langue anglaise. En tout état de cause, la langue anglaise devient la langue du progrès et de surcroît la langue du dominant, auquel la classe prolétarienne de langue française doit se soumettre :

« L'analyse sociolinguistique du Québec met en relief le rapport entre langue de travail et anglicisation des Québécois, démontre que l'anglais est la langue dominante et le français la langue dominée. On prend ainsi conscience qu'il ne s'agit pas ici d'un problème linguistique, mais d'un problème politique et économique. »[1] En somme, le changement s'introduisait sur tous les plans et notamment sur le plan linguistique. L'insertion du Québec dans le continent Nord-américain représentait une rupture linguistique considérable. Étant constamment en contact avec la langue anglaise, la langue française du Québec évolue dans l'absence de la langue française de France. En ce sens, l'une prime sur l'autre, et celle-ci ne cesse de se replier sur elle-

---

[1.] J.-C. CORBEIL et L. GUILBERT, « Le français au Québec », in *Langue française*, Paris, Larousse, N° 31, septembre 1976, p. 14.

même. En l'occurrence, la langue française au Québec se trouvait entourée d'un appareil de circonstances. La première moitié du XIXe siècle se distinguait par l'émergence d'une nouvelle ère, basée sur l'idéologie de conservation. Cette dernière prônait l'utilisation du bon vieux français. Plusieurs publications et de travaux sont présentés, comme l'ouvrage de Jacques Viger, *Néologie canadienne* (1840), ou celui de L'abbé Napoléon Caron, *Petit vocabulaire à l'usage des canadiens français* (1880). Ces textes mettaient en lumière la place réelle de la langue française face au danger de l'industrialisation et de l'urbanisation. A cette période une masse de population québécoise convergeait vers l'exode rural, en se soumettant à l'urbanisation et à la langue du dominant. Les anglicismes, les barbarismes et les expressions impropres interféraient dans la langue française. Il était urgent de remettre en cause l'évolution de la langue française, qui doit se soumettre à un purisme et à un conformisme absolus, afin d'échapper à la langue envahissante. Cependant, au cours de la deuxième moitié du XXe siècle, nous assistons à un changement d'idéologie. Cette dernière rejette catégoriquement l'idéologie conservatrice, jugée comme retardataire pour le développement de la langue française. Celle-ci doit s'ouvrir en revanche, au progrès de l'industrialisation, afin de s'imposer et de s'affirmer dans l'espace anglo-saxon. Remarquons que la période des années soixante est marquée par *la révolution tranquille*, d'où l'avènement de plusieurs changements. Le roman comme la langue, entame une nouvelle ère, basée sur l'affirmation et la revalorisation de soi. Nous remarquons d'emblée une importante révolution dans le domaine de la linguistique, car cette nouvelle idéologie revendique la même reconnaissance de la langue française par rapport à la langue anglaise. Les deux langues doivent être au même titre. A l'issue de cette révolution, nous assistons à l'affirmation et l'autonomie de la culture et de l'identité québécoises et, ceci, commence par le choix de la langue. Cette dernière s'affirme en tant que telle, avec son barbarisme et ses incorrections. A ce titre, le joual devient la langue parlée et de surcroît la langue d'écriture des québécois : « La réaction au joual-mépris est violente et prend ses racines dans la valorisation de soi : puisqu'on nous dit que

nous parlons joual, nous en ferons notre langue ; notre langue, c'est le joual. Ce qui était mépris devient fierté. (...) De plus, des écrivains, voulant témoigner de l'aliénation du peuple québécois, recourront à la langue populaire pour l'exprimer, d'où une utilisation du « joual » comme langue d'écriture ».[1]
La non-reconnaissance du parler populaire québécois engendre le reniement de la forme et de l'esthétique. En réponse à l'acculturation et à l'assimilation, les partipristes recommandaient l'utilisation du joual comme langue d'écriture, reflétant la réalité sociale et la souffrance des Québécois face au capitalisme anglo-saxon. De plus, cette forme linguistique comble l'absence de la langue nationale. A présent cette langue possède ses propres règles et son affirmation permet la revalorisation de l'être québécois. Celui-ci peut enfin s'exprimer dans une langue propre à lui. Paul Chamberland n'hésitait guère à utiliser cette langue populaire dans ses écrits : « Je n'y puis rien, je n'ai plus rime ni raison (...) brrrou goudourou xauliminimini crrrah khmé strix (...) crisse de câlice de tabarnaque [sic]. »[2] Le joual met donc en relief le rapport entre l'écrivain et la société. En l'occurrence, cette écriture se caractérise par l'absence de linéarité narrative, l'incohérence du discours, l'utilisation fréquente du style direct libre, l'utilisation des phrases elliptiques, une narration impersonnelle, la forte présence du néologisme, une alternance entre le « Je » et le « Il », une syntaxe propre en soi et une remise en question du rapport entre le narrateur et le lecteur, entre l'écrivain, l'écriture et la société : « C'est le récit de l'homme blessé à l'esprit et au corps qu'il faut écrire, sans-arrière pensées littéraires, sans visées esthétiques ».[3] L'affirmation de la littérature québécoise passe par le changement d'objet du roman. Si autrefois, le romancier racontait une histoire, désormais, il relate une écriture. La québecité devient le symbole de la différenciation et de l'identité littéraire québécoise.

[1.] Ibid., p. 14.
[2.] P. CHAMBERLAND, *L'Afficheur hurle*, Montréal, Parti pris, 1964, p. 68.
[3.] J. RENAUD, *Le Cassé*, Montréal, Parti pris, 1964, p. 95.

II- ROMAN ALGERIEN D'EXPRESSION FRANCAISE :
1- Entre imitation et originalité littéraires :

Le début de la conquête française en juillet 1830, sous le gouvernement de Charles X a ouvert un terrain d'exploration fort important dans le domaine littéraire. Nous assistons à une émergence des courants littéraires issus des écrivains européens ou métropolitains. Tout d'abord, on peut relever l'avènement de l'école exotique, qui se démarque par des écrits de militaires comme celui du général Eugène Daumas ou des écrivains-peintres tel qu' Eugène Fromentin. Ces textes sont caractérisés par une description radioscopique des paysages naturels et humains de l'Algérie du XIXe siècle, d'où une peinture romantique de l'univers romanesque : « La noblesse et la simplicité des mœurs au désert, l'amitié fraternelle du beau cavalier et de son cheval, l'hospitalité fastueuse, les belles fantasias, les luttes chevaleresques, les prouesses des combats singuliers, les rudes chants des bardes indigènes. »[1] Toutefois, aux yeux des colons, la littérature exotique est jugée comme déplacée, dans la mesure où elle décrivait une réalité qui n'existe pas. Le récit à caractère légendaire transpose des faits imaginaires déformés et embellis par l'imagination, le fabuleux, le mythique et le merveilleux. Ces critères dépeignent l'indigène dans un ensemble de modèles, relevant de la cavalerie, de l'hospitalité et des grandes aventures. L'indigène est représenté à travers une image statique et stéréotypée. En outre, la littérature exotique est destinée à un public étranger, l'écrivain écrit en fonction des besoins du lecteur métropolitain ou européen. En ce sens, le personnage romanesque est raconté et décrit à travers des yeux extérieurs, qui le façonnent à leur gré. Nous assistons vers la fin du XIXe siècle et le début du XXe siècle, à la naissance d'une littérature purement coloniale, qui se présente comme une réponse aux courants littéraires précédents, à l'instar de la littérature exotique. Cette nouvelle ère littéraire

---

[1] P. MARTINO, « La littérature algérienne », in *Histoire et historiens de l'Algérie (1830-1930)*, Archéologie et Histoire, Paris, F. Lacan, N°IX, coll. du Centenaire de l'Algérie, 1931, p. 336.

se distingue d'emblée par l'appellation. Étant issue des écrivains nés en Afrique du Nord ou en France, l'école « *algérianiste* » se différencie par son rejet catégorique de l'écriture exotique. Ces fondateurs dont Louis Bertrand et Robert Randau réfutaient cette dernière, dans la mesure où elle se focalisait beaucoup plus sur le colonisé que sur le colonisateur, contrairement à l'écriture algérianiste, qui met principalement l'accent selon l'expression de Louis Bertrand sur « *le peuple neuf* » venu de la métropole et de l'Europe. Ce mélange de peuplement devient le principal moteur de la littérature algérianiste : « Véritable mêlée cosmopolite de mercenaires, de colons, de trafiquants de toute sorte, ce sont eux que j'aperçus d'abord, quand je cherchais l'Algérie vivante, active, celle de l'avenir. »[1] Le critère différentiel réside essentiellement dans son engagement politique. Dès lors, « *l'école algérianiste* » tentait de raconter l'histoire des colons, en défendant la cause coloniale. L'objectif principal était celui de valoriser le phénomène de la colonisation et notamment l'image du colon. De plus, elle s'efforçait de véhiculer aux métropolitains un contre-regard sur la colonisation. Cette présence importante de l'idéologie coloniale donne aux textes un caractère purement engagé : « Militante, dogmatique, doctrinale, didactique et réaliste, la littérature coloniale se résume dans la défense et l'illustration de la colonisation. »[2] Nous constatons un avancement assez conséquent de la thèse coloniale dans les œuvres de Robert Randau, *Les Colons* (1907) ou *Les Algérianistes* (1911) ou ceux de Louis Bertrand, tel que *Le Sang des races* (1899). Nous assistons également à une véritable reconstitution historique, dans laquelle l'Algérie serait latine, christianisée et occidentalisée. En conséquence, la littérature algérianiste est jugée comme impérialiste et séculariste, dans la mesure où elle valorisait et prônait l'idéologie du conquérant.

[1.] L. BERTRAND, *Le Sang des races*, Paris, Ollendorf, 1899, p. 14.
[2.] A. LANASRI, *La littérature algérienne de l'entre-deux-guerres, Genèse et fonctionnement*, Paris, Publisud, 1995, p. 56.

Néanmoins, à la même période un engouement assez important se répandait chez le peuple colonisé vers l'enseignement français. Des écrivains pionniers tels que Mohamed Oueld Cheick, Mohamed Ben Chérif, Chukri Khoudja, Jean Amrouche et Abdelkader Hadj Hammou fréquentaient des écoles dites françaises, qui leur ont permis après la première guerre mondiale de former une masse d'intelligentsia algérienne francisée et de donner naissance à la littérature algérienne d'expression française dans la période de l'entre deux guerres. Le premier roman algérien écrit en français fut celui de Mohamed Ben Chérif, *Ahmed Ben Mostapha, goumier*, paru en 1920. Face à une littérature purement et durement coloniale telle que l'école algérianiste, ces écrivains algériens s'immisçaient dans l'écriture en choisissant la langue française comme moyen d'expression pour raconter leur autochtonie. La langue française devient par conséquent le seul outil qui leur permette à la fois de s'exprimer librement et de se faire une place dans l'univers de l'Autre. Pendant la période des années vingt - date de l'émergence des premiers écrivains algériens d'expression française - la production littéraire demeurait faible. La classe d'intellectuels algériens musulmans francisés trouvait difficilement sa place dans l'univers littéraire français et européen. Désignés par l'appellation « *des intellectuels indigènes francisés* », ce trait distinctif les exclut de la communauté colonisatrice et de surcroît de celle des colonisés : « La littérature algérienne de langue française de l'entre-deux-guerres semble faire depuis son apparition, à l'orée des années vingt, l'objet d'une conspiration du silence. (...) Cette littérature eut très peu d'écho de son temps. A tel point d'ailleurs, que tous les romans qui parurent à cette période et dont on daigna faire une recension, furent présentés invariablement sous le label de "premier roman écrit par un indigène". »[1] Cette mouvance d'écrivains algériens de langue française s'inspirait largement des modèles littéraires étrangers, de par la présence importante de l'écriture engagée. Les textes sont pour la majorité à caractère idéologique, car c'est bien à ce phénomène qu'elle doit son existence. Elle fut pour longtemps

---

[1.] Ibid., p. 129.

soumise aux œuvres, aux éditions et aux appareils idéologiques étrangers : « La littérature algérienne de langue française, écrite dans la mouvance "algérianiste", (...) emprunte au niveau de la forme le même modèle générique que sa consoeur européenne, c'est-à-dire le roman à thèse, mais introduit au niveau thématique et idéologique, un certain nombre de distorsions qui, replacées dans le cadre obligé de la soumission à l'idéologie dominante, donnent à cette production son ambiguïté spécifique. »[1] En revanche, l'écriture algérienne de langue française se différencie nettement par son caractère thématique. En dépit des similitudes d'ordre formel, le contenu reste caractériel. Il décrit la vie, dont les coutumes et les traditions d'un peuple différent de celui de la société occidentale : « Le champ linguistique de cette littérature s'avère certes français mais ses champs littéraires et imaginaires demeurent algériens, voire maghrébins. »[2] Le roman d'Abdelkader Hadj Hammou, *Zohra, la femme du mineur* (1926) ou celui de Caïd Mohammed Ben Chérif, *Ahmed Ben Mostapha, goumier* (1920) représentent cette littérature à la fois engagée, assimilée, dépendante aux formes littéraires étrangères, mais aussi spécifique sur le plan thématique. Toutefois, ceci engendre une problématique de taille qui réside dans le choix du lecteur. La littérature algérienne d'expression française de l'entre-deux-guerres demeurait destinée à un public étranger, dont la société métropolitaine ou européenne, qui découvraient en elle différents univers imaginaires romanesques. En ce sens, elle se positionne au même titre que la littérature algérianiste ou exotique étant donné qu'elle vise le lecteur étranger.

[1.] Ibid, p. 9.
[2.] A. CROUZIERES-INGENTHRON, *Le double pluriel dans les romans de Rachid Boujedra*, Paris, L'Harmattan, 2001, p. 16.

2- Écriture du témoignage et de la revendication :

La littérature algérienne de langue française de première génération des années vingt se démarquait largement de celle qui l'avait précédée, telle que la littérature algérianiste ou exotique ; car elle évoquait des thèmes singuliers et différents par rapport à l'univers romanesque occidental. Ces thèmes révélaient à la fois, la vie sociale et traditionnelle de la quotidienneté des autochtones. En revanche, ces écrits faisaient implicitement appel à des problématiques liées à la colonisation, d'où le thème de la quête identitaire. Manifestement, à cette période, ces œuvres restaient des cas isolés. Il faudrait donc attendre la période de la seconde guerre mondiale, plus précisément à partir de 1945 pour parler de l'émergence d'une véritable littérature algérienne de langue française, née comme une réponse au phénomène de la colonisation. Cette période se distingue par l'éveil de la conscience nationale algérienne. Kateb Yacine évoque dans *Nedjma* (1956) les événements du 8 mai 1945 à Sétif et à Guelma et comment ces faits historiques ont incité en lui l'engagement politique et l'inspiration à l'écriture. En somme, la guerre, l'injustice sociale et la colonisation ont contribué à l'incitation du désir d'écrire chez les écrivains algériens francophones. Sur ce, nous notons à partir des années cinquante, la naissance d'une nouvelle ère littéraire dans l'histoire de la littérature algérienne. *Le Fils du pauvre* (1950) et *La Terre et le sang* (1954) de Mouloud Feraoun, *La Grande Maison* (1952) et *L'Incendie* (1954) de Mohammed Dib, *La Colline oubliée* (1953) de Mouloud Mammeri, et *Nedjma* (1956) de Kateb Yacine témoignent de l'émergence du roman de l'époque coloniale. D'emblée, ce dernier se spécifie par son aspect ethnographique, car à cette période le romancier se préoccupait de décrire l'univers des mœurs, des coutumes et des traditions de la société dite indigène. En ce sens, il dépeignait des tableaux pittoresques. Le roman de Mouloud Feraoun *Le Fils du pauvre* (1950) ou *La Colline oubliée* (1953) de Mouloud Mammeri décrivent le paysage des montagnes de la Kabylie. Entre le village de Tizi et Tasga, nous assistons à une description approfondie des fêtes et des coutumes de la région :

« Telle est pour l'écrivain, surtout de la première génération, l'importance du thème ethnographique : il est la première forme que peut prendre, dans une littérature encore à la recherche d'elle-même. »[1] Le roman de l'époque coloniale se caractérise également par la présence prépondérante de la peinture sociale à caractère purement réaliste. Le roman *Nedjma* (1956) de Kateb Yacine donne une description du milieu familial, qui demeure parmi les thèmes descriptifs des réalités sociales algériennes de l'époque. Le thème lui-même se présente dans un décor singulier, où s'entremêlent et se chevauchent des personnages tels que les parents pauvres, les grands-parents, la belle-famille, les oncles, les tantes, les cousins et notamment le personnage féminin dans sa condition déplorable. Ce réalisme s'explique par l'influence des écrivains algériens francophones des grands classiques français, comme Honoré de Balzac, Gustave Flaubert ou Émile Zola. Ce trait contribue au développement de l'écriture réaliste qui demeure l'élément communicatif des réalités sociales de l'époque. En outre, nous constatons dans les écrits des années cinquante une présence importante des revendications identitaires et nationales. Ces « *œuvres de dénonciation violente* » posent constamment des problèmes liés à la colonisation, d'où la lutte contre l'acculturation ou la quête identitaire collective : « Ainsi verrons-nous d'abord se développer, (…) une littérature de description réaliste. (…) à partir de 1954 (…) les luttes pour l'indépendance entraînent (…) une rencontre de la littérature et de l'histoire. Parallèlement à cette recherche (…) nous verrons naître et se poursuivre, souvent dans la révolte, une revendication individuelle d'identité et d'authenticité. »[2] L'intérêt porté par la littérature de première génération aux problèmes politiques donne à l'écriture un caractère revendicatif, dans lequel l'écrivain se porte à la fois comme témoin et comme porte parole de sa société. Compte tenu des injustices sociales et des quêtes identitaires collectives, ces textes relèvent d'une écriture à thèse et purement engagée, témoignant de la période coloniale. La

---

[1.] J. NOIRAY, « Le Maghreb », in *Littératures francophones*, Paris, Belin, 1996, p. 41.
[2.] Ibid., p. 16 et sq.

trilogie de Mohammed Dib, *La Grande Maison* (1952), *L'Incendie* (1954) et *Le Métier à tisser* (1957) représente bien cette écriture qui témoigne d'une époque d'injustice et de révolte. Ces textes tragiques traduisent l'impuissance et l'exclusion des autochtones. De plus, le déclenchement de la guerre a favorisé la naissance d'une écriture purement et durement réaliste et revendicative : « La littérature maghrébine n'a pu échapper à sa vocation de témoignage et de critique sociale et politique. »[1] Dans *L'Opium et le bâton* (1965) de Mouloud Mammeri, le critère du témoignage joue un rôle prépondérant dans la construction de l'histoire racontée. Dès les premières lignes du roman, le romancier s'implique subjectivement en tant que témoin en écrivant : « Séduire ou réduire, mystifier ou punir, depuis que le monde est monde, aucun pouvoir n'a jamais su sortir, de la glu de ce dilemme ; tous n'ont jamais eu à choisir qu'entre ces deux pauvres termes : l'Opium ou le Bâton. »[2] Somme toute, la littérature algérienne de langue française de première génération se distingue par son aspect à la fois engagé, réaliste, ethnographique, mais également par son aspect de témoignage. En outre, étant authentique sur le plan thématique, elle a choisi la langue française, voire la langue de l'Autre, comme instrument pour exprimer un point de vue interne sur la société algérienne. L'emploi de cette langue joue un rôle inouï, dans la mesure où il permet à l'écrivain de se dire, de se dévoiler et de révéler ses rêves, ses souffrances et ses fantasmes sans pudeur et sans ambages. Par conséquent, nous assistons à partir de 1954-1955 à la conceptualisation de la littérature algérienne de langue française par toutes les institutions littéraires. Désormais, elle existe en tant qu'entité autonome sous l'appellation de « *littérature algérienne de langue ou d'expression française* », et cela, après avoir été longuement individualiste, de par l'absence d'un courant structuré.

---

[1] Ibid., p. 46.
[2] M. MAMMERI, *L'Opium et le bâton*, Paris, U.G.E., coll. « 10/18 », 1984, p. 12 et sq.

Car, auparavant, elle restait dans la mouvance des anciens courants littéraires, à l'instar de la littérature Nord-africaine de « *l'École d'Alger.* »¹ Et c'est à partir de ces rencontres et ces échanges littéraires avec d'autres courants et d'autres littératures que la littérature algérienne francophone a puisé ses richesses : « Tout d'abord, celle-ci désigne (...) un instrument (la langue française) et un lieu d'origine et d'expression (le Maghreb), (...) Appuyée sur deux cultures radicalement différentes, deux histoires antagoniques, deux publics divers (...), traversée par les drames de la colonisation et l'acculturation, elle ne peut progresser qu'à partir de ses contradictions. Sans doute tire-t-elle de là sa richesse et sa vitalité ».²

2-1 Distorsion comme outil d'appropriation de l'écriture :

Nous observons après l'Indépendance et plus précisément vers la fin des années soixante et le début des années soixante dix, l'émergence d'une nouvelle vague d'écrivains algériens de langue française, issus du système éducatif français. Une organisation littéraire assez importante s'est manifestée chez ces écrivains, nés autour de 1940, à l'instar de Mourad Bourboune (1938), Assia Djebar (1936), Rachid Boujedra (1941) et Nabil Farès (1940). D'emblée, cette génération post-indépendance demeure très inspirée par la génération antérieure, celle des fondateurs. Le critère d'influence se présente dans le choix des thèmes. En tout état de cause, il s'agit des thèmes à caractère identitaire et revendicatif. Ces écrivains mettent plus en relief la problématique de la quête

---

[1] « *L'École d'Alger* » regroupe essentiellement des écrivains nés en Algérie d'origine française, voire de familles françaises enracinées depuis plusieurs générations. L'émergence de cette école date de 1945, où transparaît une écriture purement nord-africaine, décrivant des milieux européens de l'Algérie, tel que le roman *Noces* (1938), *L'Étranger* (1942), *L'Été* (1954) ou *L'Exil et le royaume* (1957) d'A. Camus. Les écrivains de « *l'école d'Alger* » ont fort aidé les romanciers algériens d'expression française à prendre place en partageant avec eux leur univers littéraire. M. Feraoun, M. Dib ou K. Yacine participaient fréquemment à des revues telles que *Forge, Soleil, Terrasses*.
[2] J. NOIRAY, « Le Maghreb », in *Littératures francophones*, op. cit., p. 7 et sq.

identitaire, voire de la recherche de l'authenticité du moi. Cette révolte individuelle transparaît dans l'écriture du collectif, d'où la recherche d'une écriture originale. Dès lors, le romancier devient plus soucieux des questions du langage, qui lui permettent ce démarquage. Il intègre la subversion dans son écriture afin de mieux se l'approprier. Le roman de Mourad Bourboune, *Muezzin* (1968) explique cette recherche d'authenticité à travers la complexité narrative. Comme Kateb Yacine dans *Nedjma* (1956), Mourad Bourboune introduit plusieurs genres littéraires dans son roman. Le théâtre, la poésie et le récit s'entremêlaient et cohabitaient dans le même corpus. L'aspect protéiforme explique la perplexité et le désordre social de l'Algérie post-indépendance. Dans *Un passager de l'Occident* (1971), Nabil Farés évoque cette difficulté de l'écrivain à trouver son équilibre entre un passé à la fois occidental et oriental. La recherche de l'authenticité sociale et identitaire chez la majorité des écrivains de l'époque donne naissance à une écriture éclatée et dispersée : « En Algérie, l'œuvre de Nabil Farés est typique de ce souci d'enrichir le projet littéraire de toutes les ressources offertes par les techniques d'écritures (…) Farés use d'une écriture éclatée, dispersée jouant de toutes les calligrammes fragments de journal intime, avec une variété et une complexité que l'on pourrait parfois qualifier de virtuosité pure, et qui s'exerce souvent aux dépens de la lisibilité. »[1] La distorsion du récit, dont l'éclatement de l'écriture, l'absence de linéarité narrative et la pluralité des voix et des formes se traduit par le besoin de la recherche identitaire, voire de la quête individuelle, collective et notamment par la quête d'un modèle littéraire authentique. Néanmoins, le début des années quatre-vingt marque l'émergence d'une troisième génération d'écrivains, plus soucieuse des problèmes sociopolitiques du pays. Cette nouvelle ère littéraire s'inspire largement des romans des fondateurs, dans la mesure où elle prône une écriture purement réaliste, préoccupée par la vie quotidienne de la société algérienne. Les textes présentent une forme d'écriture linéaire, respectant le schéma narratif traditionnel. Les romans de Rachid

---

[1.] Ibid., p. 154.

Mimouni, *Le Fleuve détourné* (1982), *Tombéza* (1984) ou celui de Rabah Belamri, *Regard blessé* (1987), ou celui d'Hawa Djabali *Agave* (1983) témoignent d'une littérature ouverte au monde et plus humaniste, de par sa focalisation sur l'homme. Des thèmes tels que la violence conjugale, la condition féminine, les problèmes du couple, la problématique du pouvoir patriarcal ou de l'injustice sociale sont mis à l'honneur : « Pour la littérature maghrébine de langue française, les années quatre-vingt ont été celles de la maturité. Elles ont produit des œuvres moins sombres, moins violentes, moins introspectives, moins crispées, moins difficiles, plus ouvertes sur le monde ».[1]

---

[1] Ibid, p. 156.

3- Écriture féminine algérienne : écriture de l'affirmation :

Un engouement assez important pour l'écriture s'est manifesté au XIXe siècle chez les écrivains femmes d'origine française ou juive en Algérie. Ces romancières se sont intéressées à l'écriture dans le but de décrire la colonie, dont ses mœurs et son folklore. En l'occurrence, nous notons à l'orée du XXe siècle, l'émergence d'une écriture purement féminine, car à cette période, entre 1919 et 1939, nous notons une réelle avancée du féminisme, notamment en France. Des écrivains femmes comme Annette Godin, Elissa Rhaïs, Marie Bugéja, Lucienne Favre sortaient enfin de leur silence afin de raconter leurs souffrances, leurs amours et leurs aventures. A partir des années quarante, ces écrivains femmes changeaient de trajectoire à cause des circonstances historiques de l'époque, pour converger vers une écriture plus engagée, militante et préoccupée par le domaine politique. La caractéristique fondamentale de ces romancières d'origine étrangère est l'emploi fréquent des pseudonymes. Cette pratique très répandue dans le domaine littéraire, permet d'une part, de protéger leur milieu familial du grand public, à l'instar de Joséphine, signant Pierre Cœur dans son roman *Voisins d'Ambre* (entre 1853 et 1898), et d'autre part de donner au texte une certaine crédibilité, notamment lorsqu'il s'agit de raconter un univers purement masculin ou purement oriental. L'écrivain femme d'origine française ou juive empruntait également des noms arabes, comme celui de Seddik Ben-El-Outa, de son vrai nom Barbaroux, dans *Meslem* (1898) ou celui Benta-Djebel, de son vrai nom Berthe Durand-Thiriot dans *Simple histoire de Zineb la Naïliat* (1935). En tout état de cause, ces écrivains femmes ont joué un rôle important dans la naissance de l'écriture féminine algérienne de langue française : « Avant même que les Maghrébines d'aujourd'hui issues des sociétés algériennes, marocaine, et tunisienne en tant que telles se révèlent dans l'écriture, des françaises nées ou non au Maghreb, y ayant vécu plus ou moins longtemps ou y étant seulement allées en voyage, ont beaucoup écrit sur ce qu'elles ont vu, ont imaginé aussi, loin des véritables réalités qu'elles ne pouvaient voir la plupart du temps que de l'extérieur. »[1] Néanmoins, les premiers écrits de femmes algériennes francophones se présentaient sous un modèle de récit court, relevant beaucoup plus du conte. Au début de cette écriture, les écrivains femmes recueillaient et traduisaient des contes et des légendes, du berbère au français ou de l'arabe au français, telle que Marie-Louise Amrouche dans *Folklore Kabyle* (1941), *Loundja, fille de Tseriel* (1949) ou dans le roman de Baya, *Le grand zoizeau* (1947). Par conséquent, il faudrait attendre 1947 pour voir émerger le premier roman féminin algérien d'expression française de Marie-Louise Amrouche, intitulé *Jacinthe noire*, suivi du roman de Djamila Débèche[2], *Leïla, jeune fille d'Algérie* (1947) et *Aziza* (1955). Le premier roman algérien féminin présente un « Je » omniscient. La romancière emploi la première personne du singulier, afin de raconter l'histoire d'une jeune fille tunisienne face aux contraintes des lois sociales, des us et des coutumes. En somme, la littérature féminine algérienne de langue française aurait été la première à dire « Je » et à s'affirmer, avant même l'écriture masculine, qui s'est longuement présentée dans le « nous ». Le « Je » féminin des premiers textes demeure purement individualiste. Il s'agit fort bien d'un « Je » d'introspection et d'autobiographie, dans lequel la romancière, comme son héroïne tentaient de s'affirmer dans l'univers de l'autre : « Cette affirmation de soi est dès le début axée sur l'intimisme. (...) Il se trouve, quand on étudie le corpus, que les algériennes n'ont pas hésité dès le début à exprimer des désirs profonds sans pour autant verser dans le sentimentalisme ou le doucereux. »[3] En outre, le choix de la langue française a permis à ces romancières de s'exprimer librement, en racontant leurs amours, leurs désirs et leurs

---

[1] J. DEJEUX, *Littérature féminine de langue française au Maghreb*, Paris, Karthala, 1994, p. 6 et sq.
[2] Djamila Débèche demeure parmi les premières féministes d'Algérie. Elle contribue dans le développement de la presse en publiant plusieurs articles sur la condition féminine dans des revues telles que *Action*, sous le titre « *Revue sociale féminine littéraire artistique* » le 25 septembre 1947 ou dans *Terres d'Afrique*, sous le titre « *La femme musulmane dans la société* » en 1946.
[3] J. DEJEUX, *Littérature féminine de langue française au Maghreb*, op. cit., p. 71 et sq.

souffrances, tout en étant en distance par rapport à l'objet ou au sujet raconté : « Mon corps s'est trouvé en mouvement dès la pratique de l'écriture étrangère. »[1] Dix ans après Taos Amrouche et Djamila Débèche, Assia Djebar s'introduit dans l'univers féminin avec une nouvelle écriture, plus libre, plus affirmée et moins crispée que celles de ses prédécesseurs. Son premier roman *La Soif* (1957) donne une avancée fondamentale à l'écriture féminine algérienne de langue française, car l'univers du corps, du regard et de la parole se présente dans une image plus libre, plus affirmée et plus autonome. L'auteur nous décrit un corps épanoui, celui de Nadia dans *La Soif* (1957) et de Dalila dans *Les Impatients* (1958). Le corps, l'amour, la sensualité se découvrent et se révèlent à travers un « Je » narratif relevant de l'affirmation. Nous passons donc d'un « Je » crispé à un « Je » révolté, narcissique et égocentrique. Dans cette écriture féminine de première génération, l'accent est mis sur des thèmes relevant des problèmes sociaux, des conflits familiaux et conjugaux, de par les contraintes des coutumes et des traditions. Les thèmes dans les romans de Djamila Débèche, *Leïla, fille d'Algérie* (1947), *Aziza* (1955) ou ceux d'Assia Djebar, *La Soif* (1957), *Les Impatients* (1958), s'inspirent largement du vécu des romancières. En conséquence, le côté autobiographique est mis en relief, car il permet de raconter leur combat et leurs souffrances : « L'écrivain a pour matière première le vécu de sa vie ; toute littérature, dans son premier mouvement, est une écriture du moi. »[2] Outre ces thèmes à caractère social, la littérature féminine algérienne d'expression française s'est aussi intéressée aux problèmes politiques, notamment dans les années soixante, où des témoignages de militantes algériennes de la guerre d'indépendance se sont affirmées dans le domaine littéraire. A cette période, Assia Djebar publie *Les Enfants du nouveau monde* (1962) et *Les Alouettes naïves* (1967), traçant le vécu de la femme en période de guerre. L'écriture militantiste perdure même après l'indépendance avec la publication de *La Chrysalide* (1976) d'Aïcha Lemsine, ou *Le corps en pièces*

[1.] A. DJEBAR, *L'Amour, la fantasia*, Paris, Jean Claude Lattés, 1985, p. 204.
[2.] G. GUSDORF, *Les Écritures du moi*, Paris, Odile Jacob, 1991, p. 15.

(1977) de Zoulika Boukortt, ou *La Grotte éclatée* (1979) de Yamina Mechakra. Toutefois, les années quatre-vingt[1] marquent, un moment important dans l'histoire de la littérature algérienne féminine de langue française. Cette période demeure très riche en matière de production, à l'instar de la publication du roman d'Assia Djebar, *L'Amour, la fantasia* (1985), celui de Nadia Ghalem, *Les Jardins de Cristal* (1981), ou celui de Leïla Sebbar, *Shérazade, 17 ans, brune, frisée, les yeux verts* (1982). En outre, en cette période, plusieurs associations se sont créées afin de revendiquer le droit et la reconnaissance de la femme. Cette dernière, arrivait enfin à exprimer sa volonté de prendre la parole dans des magazines à visée féminine, comme *Ounoutha, Nyssa, Hawa, Cahiers de femmes*, etc. : « Le panorama historique des textes de fiction écrits par les algériennes montre qu'à partir des années quatre-vingt, quatre vingt-cinq, les œuvres sont de plus en plus nombreuses du moins relativement par rapport aux années précédentes. »[2] L'écriture féminine des années quatre-vingt se caractérise par des récits de témoignage et des récits de vie. Le roman de Hawa Djabali *Agave* (1983) montre ce désir de témoigner afin de sortir du monde du silence et de l'anonymat. Et lorsque la femme prend la parole, la représentation féminine change d'image. Si autrefois, l'héroïne était décrite dans la soumission et l'humiliation au monde masculin, désormais, un renversement de situation s'instaure. L'héroïne est racontée d'un point de vue supérieur à celui de l'homme. Elle demeure donc plus affirmée. Néanmoins, cette nouvelle représentation ne perdure pas longtemps, car à partir des années quatre vingt dix, nous notons l'émergence d'une écriture du tragique et de la crise, étant donné la montée des

---

[1.] A cette période et notamment en 1984, nous notons une explosion féminine sociale en Algérie, et cela s'est fait en réponse au *« code de la famille »* qui met la femme en position nettement inférieure par rapport à l'homme, en la considérant mineur toute sa vie. Avec les événements d'Octobre 1988, les femmes sont sorties par milliers pour manifester et dénoncer cette injustice : « La femme se fait vite remarquer (…) elle se réveille et manifeste sa colère. » affirme R. SOUKEHAL, *L'écrivain de langue française et les pouvoirs en Algérie*, Paris, L'Harmattan, 1999, p. 177.
[2.] J. DEJEUX, *La littérature féminine de langue française au Maghreb,* op. cit., p. 43 et sq.

islamistes dans la société algérienne. Bon gré, mal gré, l'écrivain femme tente de témoigner, tout en espérant trouver dans l'écriture un antidote, car l'écriture devient salvatrice : « "Écriture comme thérapie" dit Malika Ryane ; "écrire pour ne plus avoir mal" affirme Ghania Hammadou ; "écrire pour ne pas sombrer" répond Maïssa Bey ».[1]

[1.] In *Algérie Littérature/Action*, Entretiens, Paris, Marsa, 1997, p. 26.

4- La francophonie comme outil d'extériorisation de l'inconscient :

L'instruction algérienne avait comme apport de base pour son enseignement l'éducation religieuse et cela avant même la conquête française de 1830. Les structures d'enseignement englobaient des écoles primaires, secondaires, supérieures, des médersas *[collèges]* ou des zaouïas *[établissements religieux]*. L'objectif de cet enseignement est l'acquisition d'un certain niveau de connaissance, afin de devenir des hommes religieux ou des professeurs de médersa de langue arabe. Le général Valzé affirme en 1834 : « "Pratiquement tous les arabes savent lire et écrire". Pellissier de Reynaud rajoutait en 1836 : "L'instruction élémentaire est pour le moins aussi répandue chez eux que chez nous. Il y a des écoles de lectures et d'écriture dans la plupart des villages et des douars". »[1] Or peu de temps après la conquête, cet enseignement commence à disparaître, de par la politique de colonisation, qui confisque le financement des écoles. Dès lors, l'enseignement de la langue arabe se réduit au néant. Alexis de Tocqueville cite dans le *Rapport* (1847) : « Nous avons réduit les établissements charitables, laissé tomber les écoles, dispersé les séminaires. Autour de nous les lumières se sont éteintes, le recrutement des hommes de religion, et des hommes de loi a cessé. C'est-à-dire que nous avons rendu la société musulmane beaucoup plus misérable, plus désordonnée, plus ignorante et plus barbare qu'elle ne l'était avant nous connaître. »[2] Par conséquent, c'est à partir de la deuxième République en 1888 que l'enseignement arabe fut remplacé par l'enseignement français, compte tenu de l'obligation de la francisation avec la loi de *« la scolarisation obligatoire en Algérie. »* En somme, la période de 1920 à 1945 est une étape importante dans l'assimilation des Algériens par l'enseignement. La langue française devient à leurs yeux, la langue du savoir et de l'avenir. Kateb Yacine avance dans

---

[1.] Cité d'après J. ARNAUD, *La littérature maghrébine de langue française, Origines et Perspectives*, Paris, Publisud, t. I et II, 1986, p. 34.
[2.] Cité d'après C.-R. AGERON, *L'Histoire de l'Algérie contemporaine*, Paris, PUF, Coll. Que sais-je ?, 1964, p. 19 et sq.

Le Polygone étoilé (1966) : « Mon père prit soudain la décision irrévocable de me fourrer sans plus tarder dans la "gueule du loup", c'est-à-dire à l'école française. Il le faisait le cœur serré. "Laisse l'arabe pour l'instant. Je ne veux pas que, comme moi, tu sois assis entre deux chaises (…) La langue française domine. Il te faudra la dominer, et laisser en arrière tout ce que nous t'avons inculqué dans ta plus tendre enfance". »[1] Il a fallu donc attendre les années vingt, pour voir peu à peu les écrivains algériens utiliser la langue française comme outil d'expression de leur écriture. Lors de la période de l'entre-deux-guerres, la propagation de la langue française donne aussitôt naissance à la littérature algérienne d'expression française. Cette génération d'écrivains, tels que les Amrouche (Jean et Taos), Mouloud Feraoun, Nabil Farés ou Malek Ouary, ne maîtrise guère l'arabe classique. Hormis l'emploi de la langue maternelle (l'arabe dialectal ou le kabyle), cette génération d'écrivains fondateurs se trouvait coupée de la langue et de la culture arabe. Il s'agit selon l'expression de Malek Haddad d'être *« en exil dans la langue française. »* Kateb Yacine nous explique également dans la dernière page de son roman *Le Polygone étoilé* (1966) *« l'exil intérieur »* que provoque l'abandon de la langue et la culture sources, d'où le déchirement culturel dû aux problèmes identitaires. Toutefois, cet aperçu historique n'exclut pas le rôle important de la langue française dans l'écriture. Elle devient peu à peu l'outil d'expression le plus commode pour les écrivains algériens de toutes générations, notamment chez les écrivains femmes. Car elle facilite la transgression des tabous d'ordre religieux, politique ou sexuel : « Par ailleurs, le français, langue de l'autre, ouvre la porte au dévoilement de tabous internes et propre à la société arabo-musulmane : "L'imagination se libère et on ose". Le français permet de dire le non-dit, l'indicible, l'impensée, l'impensable. »[2] La langue française devient de plus en plus efficace lorsqu'il s'agit pour les écrivains algériennes d'évoquer la condition féminine, compte tenu de son détachement de la société et de

---

[1.] K. Yacine, *Le Polygone étoilé*, Paris, Seuil, 1966, p. 180 et sq.
[2.] A. CROUZIERES-INGENTHRON, *Le double pluriel dans les romans de Rachid Boujedra*, op. cit., p. 24.

l'inconscient maghrébin. Dès lors, la romancière peut aisément exprimer les non-dits et extérioriser tout ce qui est refoulé dans la langue et la culture sources. La langue française permet à la fois l'extériorisation, la distanciation, la lucidité et la liberté dans l'écriture : « Comme si soudain la langue française avait des yeux et qu'elle me les ait donnés pour voir dans la liberté, comme si la langue française aveuglait les mâles voyeurs de mon clan et qu'à ce prix je puisse circuler, dégringoler toutes les rues, annexer le dehors pour mes compagnes cloîtrées, pour mes aïeules mortes bien avant le tombeau ».[1]

[1.] Assia Djebar, *L'Amour, la fantasia*, op. cit., p. 241.

III- ROMAN RUSSE HORS FRONTIERES :
1- Ecriture historique :

Nous assistons à partir de 1919 à l'arrivée importante de la première vague de l'émigration russe vers l'Europe. Cet exode regroupant des milliers d'hommes issus des armées blanches, des prisonniers de guerre, d'aristocrates et des intellectuels, dont des mathématiciens, des musiciens, des artistes, des philosophes, des poètes et des écrivains s'intensifie notamment en 1922, sur l'ordre de Vladimir Lénine, qui autorise l'intelligentsia russe à voyager et même à rester à l'étranger. En outre, à la même période furent expulsés plusieurs groupes d'intellectuels russes, à l'instar de Nicolaï Berdiaeff, Sémion Frank, Fiodor Stepun etc. Cette première vague d'émigration s'est installée dans les plus grandes capitales de l'Europe, à Berlin, Paris, Prague ou à Belgrade et elle a formé en conséquence une véritable diaspora, en instaurant sa propre littérature, ses propres écoles, journaux, revues et maisons d'édition. Les deux grands quotidiens parisiens des années vingt, *Les Dernières Nouvelles [Poslednie Novosti]* dirigé par Pavel Milioukov et *La Renaissance [Vozrozdenie]* dirigé par Piotr Struve ont joué un rôle fondamental dans l'émergence de la littérature russe émigrée. Outre ces quotidiens, il existe également dans les années trente d'importantes revues, telles que *Les Annales Contemporaines [Sovremennye Zapiski]* dirigé par Nicolaï Avksentiev, Ilia Fondaminski, Vadin Roudnev et Mark Vichniak. Les revues et les quotidiens donnent la possibilité à la littérature russe d'exister en soi et pour autrui. En ce sens, elles offrent à la fois la liberté d'expression et l'ouverture sur d'autres littératures européennes : « C'est à travers ces revues, principalement, que nous pouvons rassembler et évaluer la riche moisson culturelle apportée par l'émigration entre les deux guerres. Ces revues sont notre source principale pour connaître l'évolution intellectuelle et le dépôt principal de la production littéraire, artistique, intellectuelle des émigrés ».[1]

---

[1] E. ETKIND et alii., *Histoire de la littérature russe, Le XXe siècle, La Révolution et les années vingt*, Paris, Fayard, 1988, p. 74.

Plusieurs faits historiques ont contribué à l'installation de la diaspora russe à Paris, qui devient à partir des années trente, le grand centre des créations littéraires. La prise du pouvoir russe par le régime stalinien et la montée de l'hitlérisme à Berlin sont les causes qui ont favorisé l'installation de la diaspora russe à Paris qui devient par la suite, la métropole de la littérature russe émigrée, regroupant plusieurs cercles et salons littéraires. Cet état de fait donne naissance à la première génération d'écrivains russes émigrés à l'instar de Nabokov-Sirin, Aleksandr Ivanovitch Kouprine, Marc Aldanov etc. Étant les fondateurs, ces écrivains collaborent à l'ouverture de la littérature russe aux littératures occidentales, entre autres française. Un échange littéraire assez conséquent a eu lieu, et qui a permis l'ouverture des romanciers russes sur les langues et les littératures étrangères, notamment la littérature et la langue française. Car plusieurs écrivains ont choisi de s'exprimer dans la langue du pays d'accueil, afin d'exprimer leur *russisme*, tels qu'Henri Troyat ou Marc Aldanov. Toutefois, ces écrivains de premier rang optent pour une écriture purement historique et engagée. Ils évoquent constamment des thèmes liés à l'Histoire russe. La Révolution russe de février et d'octobre et la guerre civile sont parmi les thèmes les plus répandus dans les écrits de cette époque. Le passé est continuellement ressuscité et un fort attachement se manifeste à la culture et la tradition russes. Le choix des thèmes était destiné de prime abord au public étranger, voire au lecteur occidental. Il était important de faire découvrir et partager les souffrances vécues : « Les relations entre l'émigration - représentante l'héritage culturel de la Russie - et les cultures des pays d'accueil devaient être réciproque et sur un même pied d'égalité. Chacun des côtés avait quelque chose à apprendre à l'autre. »[1] Les romans de Marc Aleksandrovic Aldanov, pseudonyme de M. A. Landau témoignent de cette écriture à caractère purement historique. Le phénomène de la Révolution russe de 1917, ses causes et ses conséquences, demeure très répandu dans toute son oeuvre romanesque. Cette unité thématique englobe même les moments les plus agités de l'Histoire de la Russie et de

---

[1] Ibid., p. 93.

l'Europe, voire entre la période de 1762 et 1950. Le roman *La Vodka au punch [Punsevaja Vodka]* (1938) ou *La tombe du guerrier [Mogila Voina]* (1939) attestent de la place importante qu'occupait le roman historique à cette période de la production littéraire russe émigrée. Le roman historique de la première vague de prosateurs se révèle fortement inspiré par des faits et des événements réels. Le romancier se montrait fidèle à la réalité russe. La description des faits historiques est fondée sur un pur réalisme[1], qui manifeste à la fois l'observation et la description méticuleuse du détail. Les romans de Vladimir Nabokov-Sirin[2], *Machenka [Masen'ka]* (1926), *La Défense Loujine [Zascita Luzina]* (1930), *Le Guetteur [Sogljadataj]* (1930) et *Le Don [Dar]* (1937-1938) présentent une série de récits à base historique, qui scrute et dissèque avec précision le milieu géographique et social. Et comme il avance clairement dans un poème écrit à Cambridge, *Biologie [Biology]* : « La muse ne m'accuse pas : en la science sur la palpitation de la vie. Tout est beauté (...) Je dissèque, je fractionne, je pénètre ; je vois les muscles cachés. Les ramifications des veines innombrables, et ce que je vois, avec des craies de couleur. Je le reproduis dans toute sa précision sur le tableau ».[3]

[1.] Kouprine insiste dans son roman *Gambrinus*, sur la fidélité de l'œuvre romanesque à l'Histoire et à la réalité : « Ce n'est rien. On peut estropier un homme mais l'art est capable de tout supporter et de triompher de tout. », t. II, 1957-1958, p. 183.

[2.] Étant un biologiste, Nabokov insiste sur le détail comme élément fondamental pour toute analyse. Dans *Strong Opinons*, il avance : « Seul la myopie tolère, les généralisations vagues de l'ignorance. Dans un art élevé, de même que dans la science pure, l'essentiel est le détail. », New York, Mc Graw-Hill, 1973, p. 168.

[3.] V. NABOKOV-SIRIN, « Biologie » [Biology], in *Gornyj'put*, Berlin, SEGUY, 1923, p. 155.

2- Écriture du réel :

Un changement du centre d'intérêt se manifeste chez les écrivains russes issus de l'émigration des années trente. Contrairement à leurs aînés, qui se limitaient à romancer le passé et la mémoire de la Russie soviétique, les jeunes auteurs se préoccupent beaucoup du présent, et en particulier des problèmes de la quotidienneté en Occident. D'emblée, nous découvrons une vague d'écrivains intégrés dans les sociétés européennes, dans lesquelles, ils forment une unité d'élite, et participent activement à la vie littéraire. Lors de la publication de la revue *Les Nombres [Cisla]* en février 1930 à Paris, la littérature russe de l'émigration s'est trouvée confrontée à une nouvelle ère littéraire. Car les enfants de l'émigration et les jeunes romanciers optent pour une écriture qui va à l'encontre de celle de l'ancienne génération : « Dans les années trente, l'émigration cessa de regarder constamment vers la Russie soviétique, et tourna de plus en plus son attention vers ce qui se passait en Occident, dans les pays où elle avait trouvé asile. Nous observons une modification des préoccupations (...) dans la production intellectuelle et littéraire des émigrés. »[1] Désormais, l'œuvre romanesque présente une faible attention aux faits historiques et politiques de la Russie soviétique. L'accent est mis sur deux paramètres fondamentaux, celui de l'esthétique et celui de la métaphysique. Le roman doit présenter de prime abord une forme romanesque, basée sur les belles lettres, et un fond, dont le support de base est la réflexion philosophique. Le roman de Dmitri Merejkovski, *Le Mystère de l'Occident : Atlantide-Europe [Tajna zapada : Atlantida-Evropa]* (1930), ou *Jésus inconnu [Iisus neizvestnyj]*, en deux tomes, (1932 et 1933), ou celui de Marc Aldanov, *La Dixième symphonie [Desjataja symfonja]* (1931) attestent d'un nouveau registre d'écriture, à caractère historico-philosophique, mettant en lumière l'Histoire et ses grands Hommes, à l'instar de Napoléon ou Toutankhamon.

[1.] E. ETKIND et alii., *Histoire de la littérature russe, le XXe siècle, La Révolution et les années vingt*, op. cit., p. 81.

En conséquence, l'écriture de la nouvelle génération se distingue nettement par rapport à la précédente, celle des classiques, dans la mesure où elle s'intéresse aux thèmes de l'actualité. La problématique de l'exil et de la dureté de la vie quotidienne des émigrés russes à Paris sont des thèmes assez récurrents dans cet univers romanesque. Les romans de Nina Bérberova, *Les Derniers et les Premiers [Poslednie i Pervye]* (1930), *La Souveraine [Povelitel'nica]* (1932) ou *Sans déclin [Bez Zakata]* (1938) exposent l'ensemble des problèmes auxquels se trouvent confrontés en exil les émigrés russes. La romancière a connu un grand succès grâce à cette écriture purement réaliste, engagée, voire à thèse, traitant les contraintes réelles de la vie sociale des ouvriers russes dans les usines à Paris. En outre, le roman autobiographique de Alexeï Remizov, *Maître de musique [Ucitel'muzyki]* (1931) racontant la vie des émigrés à Paris de 1924 à 1939 ou celui de Boris Zaïtsev, *Une Maison à Passy [Dom v Passi]* (1934) relatant également la rude quotidienneté des émigrés russes sur les bords de la Seine, attestent d'une écriture purement et durement réaliste. L'écriture du réel devient de plus en plus conséquente, car elle véhicule un certain réalisme, mélangé au sentimentalisme et à l'ironie, contrairement à l'univers romanesque des aînés qui demeurait purement didactique : « Je ne suis pas un pédagogue, un moraliste. Enseigner aux hommes à être des hommes, vaine occupation. (…) Ce qui définit ma confession, c'est le désir de communiquer mes sentiments. »[1] Ce changement de vision et du centre d'intérêt est dû aux influences de la jeune génération d'écrivains russes et aux courants littéraires modernes de l'Occident. Iouri Felzen s'intéresse dans ses recherches à Marcel Proust et à James Joyce. Sergueï Charchoune manifeste une réelle attention au réalisme fantastique d'Edmond Jaloux, et Guéorgui Fédor à Maro Virgile etc. Cet échange littéraire a donné la possibilité à la littérature russe en exil de s'ouvrir aux cultures et aux littératures occidentales. De ce fait, l'exil apporte une grande richesse sur le plan littéraire et culturel.

[1.] Fragments du journal d'A. REMIZOV, in *Kodrjanskaja*, Paris, 8 novembre 1956, p. 299.

L'influence littéraire des jeunes prosateurs russes issus de l'émigration se révèle importante. Le roman de Gajto Gazdanov, *Une soirée chez Claire [Vecer u Kler]* (1930) ou celui de Iouri Felzen, *La Tromperie [Obman]* (1931) présentent une influence assez importante par la littérature française moderne, et notamment l'écriture proustienne. Cette génération se montre de surcroît ouverte aux langues étrangères, notamment à la langue française. Étant bilingues ou polyglottes, ces écrivains francophones tels que Georges Gurvitch, Alexandre Koyré et Alexandre Kojève s'inspirent fortement de la littérature et de la langue française, d'où des influences culturelles, littéraires et linguistiques, qui permettent en conséquence un cosmopolitisme à la littérature russe de l'émigration. Toutefois, l'ouverture sur les littératures étrangères et le monde occidental n'exclut pas le rapprochement à la culture et aux traditions russes. Le thème de la nostalgie, de l'exil forcé et de la terre russe sont parmi les principaux thèmes abordés par cette génération d'écrivains. Cet état de fait favorise l'écriture de la mémoire et explique la part importante des œuvres à caractère autobiographique. Boris Zaïtsev l'explique dans *O sebe* en juin 1943 : « Les années d'éloignement, de séparation forcée d'avec la Russie seront dans (leurs) œuvres des années d'union particulièrement étroite avec elle. »[1] Le roman *Le Voyage de Gleb [Putesestvie Gleba]* (1934) de Boris Zaitsev met en exergue cette écriture autobiographique, basée sur le paramètre du témoignage. Ayant le caractère du journal intime, le roman raconte l'histoire de la vie de Gleb, en Russie, depuis son enfance, vers la fin du XIXe siècle jusqu'à son exil. En outre, le roman d'Aleksandr Ivanovitch Kouprine, *Les Junkers [Junkera]* (1933) ou celui d'Ivan Chméliov, *Pèlerinage [Bogomolie]* (1937) témoignent également de cette Russie profonde, qui devient parmi les thèmes les plus répandus de cette génération d'écrivain. A ce propos Boris Zaïtsev écrit : « Et n'est-ce pas la Russie qui, sur le plan intérieur, est le personnage principal de cette œuvre ?

[1.] B. ZAITSEV, in *Vozrozdenie*, Paris, YMCA-Press, N°70, octobre 1957, p. 24.

Sa vie de jadis, sa manière d'être, les gens, le paysage, l'immensité, les champs, les forêts et tant d'autres choses. Bien qu'elle semble se situer à l'arrière-plan, la Russie constitue le leitmotiv du récit, et plus on progresse, plus il acquiert d'indépendance ».[1]

---

[1] Ibid., p. 29.

3- Remise en question du roman :

La période de l'après guerre (1939-1945) marque paradoxalement un retour assez conséquent de l'intelligentsia russe, voire des écrivains émigrés vers le pays natal. La victoire soviétique de 1945 et les changements promis en URSS incitent une masse d'élite, dont des romanciers, tels que Maksimovitch Gorki ou Aleksandr Ivanovitch Kouprine à regagner la Russie soviétique. Néanmoins, cela n'exclut guère l'arrivée importante d'une nouvelle génération d'écrivains émigrés. La destination de cette deuxième génération est cependant différente, dans la mesure où elle choisit les États-Unis comme pays d'accueil et plus précisément la ville de New York, qui devient après la seconde guerre mondiale, la métropole de la culture et la littérature russes émigrées. Nous pouvons citer à ce propos René Guerra : « A la libération, la vie culturelle russe à Paris ne retrouva pas l'éclat de l'avant-guerre pour plusieurs raisons. Dans l'intervalle, une partie de ses principaux auteurs ou bien étaient morts (…) ou bien avaient péri en déportation (…) ou bien étaient partis aux États-Unis (A. Aldanov, M. Tsetline, (...). Le pôle de la culture russe s'était déplacé à New York. »[1] Cette installation à New York apportera maints éléments neufs à la génération précédente. Plusieurs publications ont eu lieu dans des périodiques et des revues, comme *Liberté [Svoboda]*, ou *Le Contemporain littéraire*. Entre 1953 et 1958, la revue *Essai [Oputy]* témoigne d'une véritable rencontre littéraire entre les deux générations d'écrivains, qui donne naissance à des almanachs littéraires, tels que *Les Voies aériennes [Vozdusnye puti]* (1960-1969) à New York et *Les Pons [Mosty]* (1958-1968) à Munich. L'inspiration thématique de cette deuxième génération demeure similaire à celle de la première. L'univers romanesque présente constamment l'image de la Russie prérévolutionnaire, d'où des thèmes à caractère nostalgique, décrivant la période de l'Age d'Argent de la Russie de Pierre le Grand. Étant plus consciente et plus instruite des réalités soviétiques, cette génération de romanciers à l'instar de

---

[1] E. ETKIND et alii., *Histoire de la littérature russe, Le XXe siècle, Gels et dégels*, Paris, Fayard, 1990, p. 134.

Léonide Rjevski, Nicolaï Oulianov, Vladimir Nabokov, Sergueï Maximov ou Victor Sven expose souvent un tableau des réalités soviétiques. Toutefois, à partir des années cinquante, nous notons la publication de deux romans, qui remettront en question toute la littérature soviétique et en particulier le roman russe en exil. L'apparition de ces deux écrits renverse le modèle littéraire prédéterminé celui du *« réalisme socialiste »* en URSS. Le roman de Boris Pasternak, *La Docteur Jivago*[1] (1957) et celui de Nadejda Mandelstam, *Les Souvenirs* (1972) nous procurent une authenticité et une originalité manifestes, dans la mesure où ils réfutent toute obéissance aux modèles littéraires soviétiques. L'apport de base de ces deux textes est la mémoire individuelle et collective. En s'appuyant sur le genre autobiographique, Boris Pasternak nous raconte ses expériences personnelles, tout en mettant en relief une vérité historique, celle de la littérature et la culture russes des années vingt. A l'identique, Nadejda Mandelstam nous relate également sa propre vie et celle d'Ossip Mandelstam à travers un ensemble de jugements éthiques et historiques. En conséquence, les deux écrivains nous transportent de la conscience du soi-même à la conscience historique et collective.

Cette remise en question provoque tout un éveil d'une génération d'écrivains préoccupés par l'authenticité et l'autonomie de l'œuvre littéraire, d'où les écrivains de la dissidence, à l'instar d'Andreï Siniavski ou Alexandre Soljénitsyne[2], qui passent d'une formation littéraire soviétique à une transformation idéologique et esthétique. Étant interdits et constamment censurés, ces écrivains soviétiques donnent naissance à la littérature du samizdat ou littérature clandestine, écrite en URSS et publiée en Occident. En conséquence, cela permet l'avènement d'une troisième génération d'écrivains émigrés. En ce sens, le relais de l'écriture de la dissidence s'est transposé en Occident, afin d'établir l'unité des écrivains internes et externes au pays. Cette rencontre apportera une

---

[1.] Ce roman lui a valu le prix Nobel, qui lui fut décerné en 1958.
[2.] Le roman d' A. SOLJENITSYNE, *Une Journée d'Ivan Denissovitch* (1962) marque cette étape du dégel, voire de la renaissance littéraire. En outre, son appel en février 1974 dans *« Vivre hors du mensonge »* [*Zit ne po lzi*] demeure l'exemple de cette nouvelle voie littéraire.

grande richesse littéraire à la littérature russe de l'émigration en phase de renaissance[1] : « C'est la dissidence de l'émigration qui a revendiqué les droits civiques que les survivants de la "dissidence" interne défendaient héroïquement et qui a préparé ainsi le tournant que le pouvoir a fait par la suite en satisfaisant certaines exigences de la "dissidence". »[2] La troisième vague des écrivains émigrés russes est différente dans sa composition par rapport aux deux précédentes. Il s'agit des romanciers, des poètes, des critiques et des littéraires expulsés par les autorités pour des raisons politiques. Le plus grand nombre s'installe dans les années soixante-dix à Paris, à Munich, à Vienne ou même aux États-Unis. Cette masse de dissidents forme une véritable diaspora, unie par une seule idéologie, celle du rejet catégorique du régime totalitaire. Et ces écrivains de la troisième génération produisent des œuvres de témoignage, afin de révéler au lecteur occidental leur souffrance et leur peine. Ces écrits jouent le rôle de dénonciateur, de témoin et de surcroît de révélateur. Une liberté d'expression se manifeste à Paris dans des revues et des hebdomadaires, tels que le *Continent* ou *La Pensée Russe*. Dans son essai *Le processus littéraire en Russie* publié en octobre 1970 dans la revue trimestrielle *Continent*, Siniavski-Tertz dénonce la vie littéraire en Russie soviétique : « Un écrivain russe, écrit Siniavski, qui n'entend pas écrire au commandement de l'État se trouve dans la situation infiniment dangereuse et irréelle au dernier point d'un auteur non reconnu par le pouvoir (…) Exposé à des mesures rigoureuses visant à le punir, à l'annihiler. La littérature est devenue un domaine interdit, périlleux ».[3]

Le caractère du témoignage se manifeste également dans des romans de mémoire ou des romans autobiographiques, racontant les expériences personnelles de chaque écrivain. Tel

---

[1] M. ROZANOVA affirme dans une conférence au Danemark, qui a réuni écrivains émigrés et soviétiques, au printemps de 1988 : « De systèmes isolés, nous sommes devenus vases communicants. » Cité d'après E. ETKIND, et alii., *Histoire de la littérature russe, Le XXe siècle, Gels et dégels*, op. cit., p. 758.
[2] Ibid., p. 749.
[3] Cité d'après M. SLONIME, *Histoire de la littérature soviétique*, Suisse, Lausanne, L'Age d'Homme, 1985, p. 346.

est le cas dans les trois œuvres d'Andreï Siniavski (Abram Tertz), *Une Voix dans le chœur [Golos iz hora]* (1976), *Promenades avec Pouchkine [Progulki s Puskinym]* (1975) et *Dans l'ombre de Gogol [V teni Gogolja]* (1978), qui se présentent comme des écrits autobiographiques, dont le vecteur de sens est la mémoire individuelle et collective. Adressés à sa femme sous forme de lettres et publiés après son émigration à Paris en 1973, ces textes attestent de l'hyperbolisation du moi, d'où l'expression de l'intime. A travers ce mélange d'Histoire, de fantastique et de vécu de l'écrivain et des détenus russes dans des camps de travail forcé à Potma, situé dans la république des Mordves, Andreï Siniavski échappe donc à tout réalisme socialiste et s'inscrit en conséquence dans « *une littérature de camps.* » *Les Hauteurs béantes [Zijajuscie vysoty]* d'Alexandre Zinoviev paru en 1976 s'inscrit dans la même mouvance de l'écriture dissidente. La présence des personnages satiriques, asociaux, insignifiants, envahis par le néant donne au roman une nouvelle forme littéraire, celle de l'anti-genre, dans lequel le fragment devient la règle. Vladimir Berelowitch affirme : « Mais l'auteur des *Hauteurs béantes* demeure, parmi les écrivains soviétiques d'après le dégel, celui qui a su imprimer à la satire, à la protestation morale, à la description du réel, une marque métaphysique, en laquelle ses lecteurs occidentaux et soviétiques ont reconnu à bon droit la griffe d'un "anti-utopiste" de grande envergure. »[1] Le roman féminin russe émigré des années soixante-dix a également utilisé cette nouvelle forme littéraire, afin de dénoncer et de témoigner la survie et la peur des femmes russes, auxquelles le régime a pris leurs maris, leurs fils ou leurs frères. Les romans autobiographiques d'Evguénia Guinzbourg et de Lydia Tchoukovskaïa, témoignent du dur vécu des femmes russes violées, torturées et tuées, dans des camps ou dans des pénitenciers en Russie soviétique. L'écriture de la dissidence trouve donc un réel écho chez le lecteur occidental, où elle est plus entendue que celles qui l'ont précédée.

[1.] Ibid., p. 780.

4- Écriture russe en exil et la littérature française :

L'accent est mis ici sur l'ensemble des contacts, des rencontres et des influences littéraires et linguistiques étrangers, et cela depuis le XVIIIe, où nous relevons une réelle ouverture de la Russie aux littératures européennes, grâce aux réformes de Pierre Le Grand. Ce dernier marque une étape importante dans l'histoire littéraire russe, dans la mesure où il a permis des changements assez conséquents, dont l'européanisation de la littérature russe. En l'occurrence, cette ouverture littéraire et linguistique s'effectue grâce à la rupture de l'État et de l'Église. Cet état de fait, provoque une sorte de dichotomie entre la littérature médiévale, d'inspiration religieuse et la littérature moderne jugée laïque et ouverte au monde occidental. Cette séparation donne naissance à plusieurs transformations évolutives, d'où le développement de l'imprimerie, la désacralisation du livre, la profanation de la langue écrite par rapport au slavon de l'Église et la séparation des autorités religieuses de la culture et la littérature russes. Cet ensemble de précurseurs favorise entre la fin du XVIIIe et le début du XIXe siècle l'introduction de la littérature russe dans l'Europe des Lumières. Cette dernière contribue au devenir de la littérature russe cosmopolite. Plusieurs influences littéraires ont eu lieu. Nous notons de prime abord, un apport fondamental du classicisme européen qui procure à la littérature russe l'esprit critique et rationnel. En outre, la littérature française apporte un effet assez conséquent et cela grâce à l'écriture voltairienne, qui a permis l'introduction de l'esprit philosophique dans l'écriture russe. Cette influence se manifeste notamment dans les tragédies d'Alexandre Soumarokov, de Yakov Kniajnine et aussi chez Alexandre Pouchkine. A ce propos Boris Tomachevski écrit dans *Pouchkine, lecteur des poètes français* : « En effet, les études pouchkiniennes véhiculent à ce propos des influences françaises (…) Pour savoir de quelle manière Pouchkine s'est assimilé Voltaire ».[1]

[1.] Cité d'après A. STROEV dir., *Livre et Lecture en Russie*, Paris, Maison des Sciences de l'Homme, coll. Octavo, 1996, p. 33.

Les nouvelles de Nicolas Karamzine marquent une étape littéraire distincte. Nous constatons une présence importante de la sensibilité et des paramètres subjectifs, qui nous rappellent le sentimentalisme, l'humour et la fantaisie des écrivains français. Le XIXe siècle se distingue également par la forte influence sur Léon Nikolaïevitch Tolstoï des Essais de Michel Montaigne, qui procure à son écriture à la fois l'aspect divertissant et didactique. La pédagogie libérée de l'écrivain français a beaucoup influencé l'écrivain russe, qui ne tarde pas à l'appliquer aux enfants de sa ville natale d'Iasnaïa Poliana. En somme, nous notons une réelle influence littéraire du XVIIIe siècle français sur la littérature russe, qui connaît à cette époque son âge d'Or. La Russie de l'*Age d'Argent* de la fin du XIXe siècle et le début du XXe siècle était également ouverte et en étroite symbiose avec les cultures et les littératures occidentales. Plusieurs revues russes avaient leurs correspondants à Paris, Munich, Rome et Londres. La *Toison d'Or* rend compte grâce à Hoffman, Luther, Schik, et Eliasberg, de la vie littéraire européenne, dont des expositions, des cercles et des salons littéraires à l'étranger. Somme toute, la littérature russe de cette période était très européenne, d'où son cosmopolitisme, et cela s'effectue grâce aux partisans occidentaux[1], qui voient dans l'Occident, la source de la renaissance, des civilisations et des lumières. Cette ouverture aux littératures européennes, notamment française, perdure jusqu'aux années vingt, car l'instauration du pouvoir bolchevique à partir de 1917 contribue aux renfermements des frontières et par conséquent à la rupture des échanges et des rencontres littéraires avec l'Occident, en somme, la littérature russe cosmopolite prérévolutionnaire était vouée à la disparition. Cet état de fait a donné naissance à la littérature russe en exil, constituée par une masse d'élite, qui favorise la formation d'une véritable diaspora, et sert de passerelle entre la littérature russe interne, externe et les littératures européennes. En ce sens, les écrivains russes de

---

[1] Une querelle littéraire s'annonce au XXe siècle entre les partisans slavophiles et les partisans occidentaux, car les premiers réfutaient toute ouverture au monde occidental, contrairement aux seconds qui prônaient l'européanisation de la culture et de la littérature russes et l'ouverture de ces dernières à l'Occident, symbole de civilisation et de lumière.

l'émigration ont joué un rôle fondamental dans la littérature russe du XXᵉ siècle et cela grâce à leur forte attention aux littératures et aux langues étrangères. Plusieurs écrivains étaient devenus polyglottes et optaient dans leur écriture pour la langue du pays d'accueil. L'essayiste Wladimir Weidlé choisit d'écrire en français ses deux œuvres, *Les Abeilles d'Aristée* (1936) et *Russie absente et présente* (1949). Vladimir Nabokov franchit une nouvelle étape entre 1938 et 1939 en optant pour la langue française dans la nouvelle, *Mademoiselle O* (1938) : « Nul doute en effet que sa maîtrise de la langue anglaise est remarquable, comme celle du français. »[1] Joseph Kessel effectue le même choix linguistique dans *Les Nuits de Sibérie* (1928). Outre ces écrivains bilingues ou plurilingues, Henri Troyat, Zoé Oldenbourg ou Zinaïda Schkhovskaïa ont également choisi de faire parler la langue de l'Autre, voire la langue française, et ce choix leur permettait d'exprimer et de témoigner librement de leur « *russisme* », afin de révéler au lecteur étranger les profondeurs de la culture et la littérature russes.

En guise de conclusion, la littérature russe de l'émigration a su tirer de l'exil et de son contact avec les littératures et les langues étrangères, un réel enrichissement, et ceci concerne plus particulièrement la deuxième moitié du XXᵉ siècle, où nous constatons une forte influence sur les écrivains russes en exil de l'Histoire et des romanciers français entre autres. Dick Romoff est influencé par le surréalisme d'André Breton, Youri Annenkoff par Jeff Durain, Marc Aldanov par l'Histoire française et la révolution de 1789 qui reste parmi les thèmes les plus récurrents dans ses romans historiques. Aussi les écrivains russes de l'émigration ont permis à la littérature russe de devenir réellement européenne, de par son existence pour soi et pour autrui, et de devenir par conséquent autonome, tout en intégrant les littératures du monde : « Raeff évoque "les soirées franco-russes" de la fin de 1928 et le début de 1930. Fédotov et Stanislas Fumet en donnèrent tous deux des comptes rendus dans *Les Cahiers de la Quinzaine* fondés par Péguy. Le

---

[1.] M. OUSTINOFF, *Bilinguisme d'écriture et auto-traduction Julien Green, Samuel Beckett, Vladimir Nabokov*, Paris, L'Harmattan, 2001, p. 67.

dialogue se menait avec des socialistes français et belges (De Man en particulier). Berdiaev entra au comité de rédaction d'*Esprit* et participa aux décades de Pontigny. »[1] La littérature russe de l'émigration a joué un rôle fondamental dans l'ouverture de la littérature russe aux littératures et aux langues étrangères, notamment à la littérature et à l'écriture francophones. Cet espace littéraire lui permet de continuer la chaîne littéraire russe du XVIIIe siècle, celle qui favorise la modernisation et l'occidentalisation de la culture et de la littérature. Cette période de l'Age d'Argent continue donc à partir des années vingt, où des écrivains à l'instar de Bérbérova, Nabokov, Gazdanov, Felzen, Poplavski, Charchoune, Ivanov et Soljenitsyne ont su tirer de l'exil un réel enrichissement à la fois culturel, littéraire et linguistique, sans pour autant renier leur attachement à la littérature et la tradition russes. Le pays natal demeure fort présent spirituellement dans leurs écrits. L'exil a donc accentué la sensibilité au thème de Russie à travers des mémoires et des œuvres autobiographiques écrites ou traduites en français. L'ouverture aux littératures étrangères a permis, en conséquence à la littérature russe en exil d'acquérir à la fois l'autonomie, l'originalité et l'authenticité littéraires. Plusieurs échanges ont eu lieu ; en plus, les écrivains russes de l'émigration montrent une réelle attention à la littérature française moderne. Des écrivains, tels que Marcel Proust, André Gide, ou François Mauriac sont considérés comme une source d'inspiration. La critique reconnaît l'influence sur Gazdanov dans son roman *Soirée chez Claire [Vecer u Kler]* (1930) de la littérature française et notamment de l'écriture proustienne, en particulier dans la forte présence de l'introspection romancée et dans la description radioscopique. Le contact de la littérature russe en exil avec les littératures occidentales a apporté une grande richesse d'ordre linguistique. Plusieurs écrivains à l'instar d'Henri Troyat ont choisi de s'exprimer dans la langue de l'Autre pour livrer leur russisme, sans ambages et sans détours. Le XXe siècle et plus particulièrement la deuxième moitié marque une importante ouverture de la littérature russe

---

[1.] G. NIVAT, *Russie-Europe la fin du Schisme, Études littéraires et politiques*, Lausanne, L'Age d'Homme, 1993, p. 654.

de l'émigration sur les littératures et les langues étrangères. Le contact avec les littératures occidentales a apporté à la littérature russe de l'émigration une intense activité créatrice. A ce propos René Guérra avance : « La Littérature occidentale était l'objet d'une attention toute particulière : (...) Véritable première dans la prose russe émigrée (...) On le voit, la revue les *Nombres* était pour les écrivains et les poètes russes des années trente une fenêtre ouverte sur l'Occident (...) et l'on ne s'étonnera pas de trouver au premier rang de ces alliées des personnalités (...) qui étaient depuis toujours tournées vers la culture occidentale ».[1]

[1.] E. ETKIND et alii., *Histoire de la littérature russe, Le XXe siècle, Gels et dégels*, op. cit., p. 122.

CONCLUSION :

Après une étude littéraire englobant le parcours du roman francophone québécois, algérien et russe, nous distinguons un certain particularisme du roman francophone par rapport au roman français de l'Hexagone, ainsi d'ailleurs que du reste des romans francophones. Ces romans ont opté dans leur choix d'écriture pour la même langue, le français, mais il n'en demeure pas moins que le champ romanesque diffère nettement d'un roman à un autre. Car si l'utilisation de la même langue les réunit dans l'univers de la francophonie, l'univers thématique les sépare. Ce trait distinctif leur donne la possibilité de s'affirmer, à la fois sur le plan identitaire, culturel et littéraire. En outre, la divergence thématique entre les romans francophones engendre l'autonomie et l'authenticité littéraires au sein de l'entité francophone en général, et par rapport au roman français en particulier. En étant spécifique sur le plan thématique, le roman francophone fait transparaître dans la langue de l'autre un particularisme culturel, littéraire et linguistique propre à chaque société. Au-delà de l'histoire racontée, le roman francophone affiche une créativité littéraire, incluse dans le paramètre thématique et linguistique. Les écrivains francophones mettent en relief cette créativité, cette innovation et cette improvisation littéraires. Nous notons de prime abord une innovation lexicale, voire un néologisme frappant, qui consiste à imprégner dans l'écriture francophone des mots nouveaux propre à la société d'origine de l'écrivain. L'utilisation des termes tels que « *chum* », « *gandourah* » ou « *datcha* »[1] rend compte de l'importance de la trace culturelle dans l'univers francophone. Cette technique d'écriture sert en particulier à séduire d'une part la littérature et le lecteur étranger, voire le lecteur français, et d'autre part à donner au texte une certaine authenticité et une autonomie par rapport à la littérature française et à la littérature francophone. De par son appartenance à la langue française, le roman francophone contemporain tente de s'en séparer en insérant des signes culturels, qui lui octroient la possibilité de raconter sa propre

---

[1.] Voir annexes, p. 170.

histoire, sa propre société et sa propre vision du monde. Cet univers littéraire propre en soi fait découvrir aux lecteurs étrangers, la conscience individuelle et collective nationale. Lise Gauvin écrit dans *L'écrivain francophone à la croisée des langues* : « Engagés dans le jeu des langues, ces écrivains doivent créer leur langue d'écriture, et cela dans un contexte culturel multilingue, souvent affecté des signes de la diglossie. La problématique des interactions langues/littératures est complexe et concerne aussi bien l'autonomisation d'une littérature. »[1] Toutefois, le rapport à l'écriture francophone diffère d'un écrivain à un autre. Nous discernons dans les romans québécois et algériens la présence frappante d'un affrontement constant avec la langue. Ce fait se traduit par l'emploi fréquent des thèmes à caractère identitaire et revendicatif, à l'instar du roman québécois de Marie-Claire Blais, *Une maison dans la vie d'Emmanuel* (1965) ou du roman algérien de Mohammed Dib, *La Grande maison* (1952). Cet état de fait nous renvoie à l'origine de la propagation de la langue française dans ces deux pays. Étant introduite par le biais des conquêtes et de la colonisation, la langue française représente pour les écrivains francophones québécois et algériens, la langue du dominant, ce qui explique la recherche constante de l'autonomie et de l'authenticité littéraires chez la majorité de ces écrivains. Cependant, les écrivains russes francophones se différencient nettement dans leur rapport à l'écriture francophone. Ils présentent une écriture de la dénonciation et du témoignage qui prime sur l'ensemble, et qui ne cesse de témoigner de la vie rude en Russie. Compte tenu de la richesse historique et littéraire française, l'écrivain francophone russe voit dans cette langue étrangère le symbole de la révolution, de l'insurrection et des idées littéraires et politiques avancées. En somme, l'hétérogénéité des romans francophones atteste paradoxalement une homogénéité, qui réside dans l'ouverture

---

[1.] L. GAUVIN, *L'écrivain francophone à la croisée des langues*, Entretiens, Paris, Karthala, 1997, p. 5.

culturelle, littéraire et poétique dans « un élan de don à la culture universelle ».[1]

---

[1] J.-L. JOUBERT et alii., *Les littératures francophones depuis 1945*, op. cit., p. 173.

DEUXIEME PARTIE :
ENTRE SUBVERSION ET EROSION DE L'HEROINE FRANCOPHONE.

INTRODUCTION :

Yves Reuter écrit dans *Introduction à l'analyse du roman* : « Les personnages ont un rôle essentiel dans l'organisation des histoires. Ils déterminent les actions, les subissent, les relient et leur donnent du sens. D'une certaine façon, toute histoire est histoire des personnages. (…) Nous nous en tiendrons ici essentiellement à l'analyse de leurs fonctions narratives, de leurs rôles et de leur "être". »[1] Le personnage demeure en ce sens, une donnée essentielle pour la construction du récit. Il permet un avancement fondamental de l'histoire racontée, il est le vecteur de sens dans l'œuvre romanesque. Le romancier insiste donc sur sa fonction et son faire. Cette fonctionnalité narrative n'est pas *ex nihilo*, elle est souvent intentionnelle et sert souvent à son narrateur, à ses personnages ou aux romanciers. Tzvetan Todorov affirme dans *L'analyse structurale du récit* : « C'est au sens des éléments de l'oeuvre que pensait Flaubert lorsqu'il écrivait : "Il n'y a point dans mon livre une description isolée, gratuite ; toutes servent à mes personnages et ont une influence lointaine ou immédiate sur l'action". Chaque élément de l'œuvre a un ou plusieurs sens. »[2] Partant de ce présupposé, notre étude est fondée fondamentalement sur le personnage féminin au sein des trois récits francophones. Dans cette partie intitulée « Entre subversion et érosion de l'héroïne francophone », nous essayons d'abord de nous interroger sur la place actantielle des personnages principaux. Nous tentons de comprendre en particulier, le positionnement de l'héroïne par rapport aux autres personnages et en particulier, par rapport au narrateur-personnage. En ce sens, nous nous intéressons à l'héroïne et à son rôle dans l'action, voire dans la modalité du « *faire* » et à son rôle de l'« *être.* » Nous tentons de comprendre le rôle octroyé à cette dernière dans la trame narrative. L'héroïne participe-t-elle en tant que sujet ou objet à l'ensemble des processus narratifs ? Est-elle soumise à l'action du héros ?

---

[1] Y. REUTER, *Introduction à l'analyse du roman*, Paris, Dunod, 1996, p. 51.
[2] T. TODOROV, « L'analyse structurale du récit », in *Communications*, 8, Paris, Seuil, coll. Point, N°8, 1981, p. 131.

S'affirme-t-elle en tant que sujet et assume-t-elle pleinement son énonciation ? Est-elle un locuteur en tant que tel, agent de l'action ou un locuteur en tant qu'être du monde, voire un personnage patient ? Notre préoccupation va également à la composition du personnage masculin. Ce héros omniprésent, sent, analyse et scrute les personnages, mais en aucun cas, il ne se projette sur lui-même. Existe-il en tant que personnage au sein de l'histoire ? Cette partie demeure une interrogation sur la place des personnages au sein de l'instance narrative francophone. En ce sens, nous essayons d'étudier à la fois la position des complications situées dans la série d'événements et d'élucider les conventions des agents des trois univers narratifs.

1- Déroulement actantiel : Opposition du personnage féminin :

Le statut du personnage[1] a connu dans l'histoire littéraire plusieurs rebondissements. La poétique aristotélicienne associe le personnage à la notion d'action, en ce sens il demeure l'agent de l'action elle-même. D'autres courants littéraires le relient à l'essence psychologique. Le personnage devient à ce sujet un individu, une personne, voire un être. Cependant, depuis l'avènement du courant structuraliste, le personnage prend une forme beaucoup plus typologique. Il est extrait de l'univers psychologique, afin de devenir une simple unité actantielle, voire un agent. Roland Barthes affirme que : « L'analyse structurale, très soucieuse de ne point définir le personnage en terme d'essences psychologiques, s'est efforcée jusqu'à présent, à travers des hypothèses diverses, dont on trouvera l'écho dans certaines des contributions qui suivent, de définir le personnage non comme un être, mais comme un "participant". »[2] Julien Greimas propose de définir le personnage par rapport à sa structure paradigmatique, composée d'un sujet/objet, donateur/destinataire, adjuvant/opposant. Dans cette analyse, nous essayerons de comprendre la fonction de chaque personnage dans le récit car comme l'avance Jean-Paul Goldenstein dans *Pour lire le roman* : « Cette lecture, en opérant un déplacement du qui fait quelque chose, comment, pourquoi à ce qui fait le personnage, permet de dépasser l'approche psychologique du personnage conçu en terme d'essence. »[3] Cette grille d'analyse nous intéresse fortement, elle nous permet de mieux comprendre le positionnement des sujets dans les trois romans, et d'identifier le sujet de l'action dans chaque univers romanesque francophone. Dans *Va savoir*, *Agave* et *La Femme qui attendait* le schéma actantiel se présente comme canonique. Le sujet de l'action est le personnage masculin, il a une fonction dans le récit de par son

---

[1] Cf. P. GLAUDES et Y. REUTER, *Personnage et histoire littéraire*, Toulouse, Presses Universitaires du Mirail, 1991.
[2] R. BARTHES, « L'analyse structurale du récit », in *Communications*, op. cit., p. 22.
[3] J.-P. GOLDENSTEIN, *Pour lire le roman*, Bruxelles, Duculot, 1983, p. 58.

« *faire* », car le personnage masculin est le seul à assumer le plus grand nombre de fonctions, il est plus agissant que les autres, en accomplissant le plus d'actions. Jean-Paul Goldenstein définissait le personnage : « Comme la personne fictive qui remplit un rôle dans le développement de l'action romanesque. »[1] Nous nous référons donc à Rémi dans le roman québécois, à Lui dans le roman algérien et au jeune journaliste dans le roman russe. Ce sont les personnages principaux qui mènent l'action, ils sont motivés par un but précis, il s'agit soit de la quête d'un bonheur, soit du fait de reconquérir le cœur de la bien-aimée, soit de la quête d'une vérité donnée. Les héros des trois récits tentent d'instaurer un équilibre en se lançant dans une quête, le donateur de celle-ci est représenté par le couple. Il s'agit du couple Rémi/Mamie dans *Va savoir*, Lui/Farida dans *Agave* et le jeune journaliste/Véra dans *La Femme qui attendait*. Dans les trois textes, nous observons la présence d'une impulsion qui donne une force à l'action. Le couple est le vecteur par lequel l'action du héros s'accomplit. En ce qui concerne les destinataires, il s'agit des personnages féminins : soit la femme en tant que compagne, soit la femme en tant que conjointe. Dans les romans francophones, le personnage féminin - Mamie, Farida et Véra - est décrit comme mystérieux et étrange. Ces circonstances atténuantes incitent les héros à se lancer dans une quête. Rémi, le héros du roman québécois est en permanence dans l'attente du retour de sa bien-aimée Mamie. Dans le roman algérien, Lui est en quête du bonheur marital, il tente de reconquérir le cœur de sa femme Farida. Dans le roman russe, le jeune journaliste est constamment à la recherche d'une vérité. Il se lance dans ses investigations afin de dévoiler le secret de la vie de Véra.

Par ailleurs, *Va savoir* véhicule une présence forte des adjuvants. La petite fille Fanie et les voisines : Mary, Jina et Mûla, soutiennent le héros tout au long de sa quête. Dans *Agave* l'ami Abdelkader et Aïcha la conteuse, sont les seuls agents qui aident le héros à accomplir son action. Enfin, le jeune journaliste dans *La Femme qui attendait* a de moins en moins

---

[1] Ibid., p. 44.

d'adjuvants autour de lui. Excepté l'aide limitée de ses amis Otar et Zoïa, le héros n'a aucun agent collaborant dans sa quête. Toutefois, cette présence humaine des adjuvants nous renvoie à d'autres formes d'adjuvants. Dans les trois romans, nous discernons la présence de deux catégories d'adjuvants anthropomorphiques, c'est-à-dire des objets qui ont une apparence humaine. Dans le roman québécois comme dans le roman algérien, la campagne (la Petite Pologne et la Montagne des Grenadiers) est un adjuvant anthropomorphique, qui collabore dans l'avancement de la quête des deux héros. Cet espace est opposé à celui de la ville, qui représente l'échec et le désarroi. Tandis que dans le roman russe, la ville est le premier adjuvant, qui aide le héros à accomplir ses tâches. La campagne est un espace d'enfermement, d'obstacles et de contraintes, cultivant le secret, le vice et le mystère. Les opposants dans les trois textes convergent vers la même voie. Le personnage féminin semble être le premier opposant, qui empêche le héros à accomplir son action. Mamie, l'héroïne du roman québécois montre son opposition au héros, en abandonnant son mari pour aller à l'aventure. Farida, l'héroïne du roman algérien n'aide point le héros dans sa quête ; son indifférence et son insensibilité freinent les démarches du héros. Véra, l'héroïne du roman russe emploie tous les moyens pour empêcher le héros de découvrir la vérité tant recherchée. Dans les trois textes la femme et l'univers auquel elle appartient sont les principaux opposants du héros et de sa quête. Concernant les opposants secondaires, nous pouvons les classer à travers deux paramètres. Il existe des opposants proprement dits et des opposants anthropomorphiques. Dans *Va savoir*, l'entourage du personnage féminin est considéré comme un opposant. Raïa, la compagne de Mamie exerce sur elle un contrôle absolu, *Power and control*, afin de l'éloigner de son foyer conjugal. L'aventure dans laquelle l'héroïne s'est lancée est aussi considérée comme un obstacle pour la quête du héros. Cet opposant anthropomorphique contribue à la séparation du héros de sa chère aimée. Dans *Agave* le monde traditionnel et la ville, auxquels Farida appartient, sont les principaux opposants de la quête du héros. Ce dernier réfute catégoriquement l'obéissance de son épouse à cet univers, qui cultive le vice et l'hypocrisie.

Par ailleurs, dans *La Femme qui attendait*, le village de Mirnoïè - situé dans le nord de la Russie - où demeurait Véra, est considéré, de par la dureté du temps, comme un élément perturbateur empêchant le héros d'avancer dans ses investigations. Cet espace favorise l'enfermement et la stagnation. Le schéma actantiel[1] se concentre de prime abord sur le sujet (Rémi, Lui et le jeune journaliste) qui est motivé par le principe du désir. Ce dernier structure les trois récits-quêtes et demeure la force vectorielle des trois sujets. Cette force est orientée vers un objet qui diverge d'un roman à un autre. Dans le roman algérien comme dans le roman russe le sujet exerce une fonction active pour acquérir l'objet désiré. Dans *Agave*, Lui tente de séduire sa femme Farida afin de la reconquérir. Dans *La Femme qui attendait*, le jeune journaliste s'octroie tous les moyens pour découvrir le secret de l'attente de Véra. En somme, les deux héros réalisent un déroulement actantiel actif, même si le résultat semble différent. Tandis que dans *Va savoir*, le sujet Rémi exerce une fonction passive dans sa quête de l'objet, car selon lui, l'attente est le seul moyen qui active l'obtention de l'objet, qui reste manifestement irréalisable. La disparition de Mamie provoque de surcroît une situation d'échec de la quête. En conséquence, la fonction actantielle dans le roman algérien et russe demeure linéaire ; tandis que dans le roman québécois, cette fonction se présente sous les signes de la passivité et manifeste un rythme tendu. Toutefois, il existe une différence flagrante, qui distingue le récit russe des deux autres romans. Dans le schéma actantiel de celui-ci, existe une sorte de jeu méta-narratif, celui des rapports entre le narrateur et les sources d'informations, qui permettent l'arriver à l'objet. Le héros, qui est un jeune journaliste, est contraint à dissocier la fonction « *méta-linguistique* », à travers le déchiffrement des informations officieuses et la fonction « *référentielle* »[2], qui se présente par les informations officielles. Car dans ce cas d'obstacle, le contexte est caché et protégé par le personnage féminin Véra. Le rôle du sujet se

---

[1.] Cf. J. BRES, *La Narrativité*, Louvain-la-Neuve, Duculot, coll. Champs linguistique, 1994, p. 201.
[2.] Termes empruntés à R. JAKOBSON.

manifeste non seulement par la recherche d'une vérité, mais aussi par la fiabilité de la source d'information. Le héros se trouve dans une position délicate, il est partagé entre les informations officieuses, dont les rumeurs des villageois et les informations officielles, dont le journal du village. Au fur et à mesure que le récit progresse, le héros arrive à dissocier davantage les informations. Au cours de la phase finale, l'officiel prime sur l'officieux. Ce jeu méta-narratif sert à accentuer le suspens dans l'histoire racontée. Le schéma actantiel[1] dans lequel figure l'univers féminin comme le principal opposant du déroulement actantiel des trois romans permet d'avoir une vision plus claire de l'ensemble :

---

[1] Schéma actantiel emprunté à A.-J. GREIMAS, *Sémantique structurale*, Paris, Larousse, 1966.

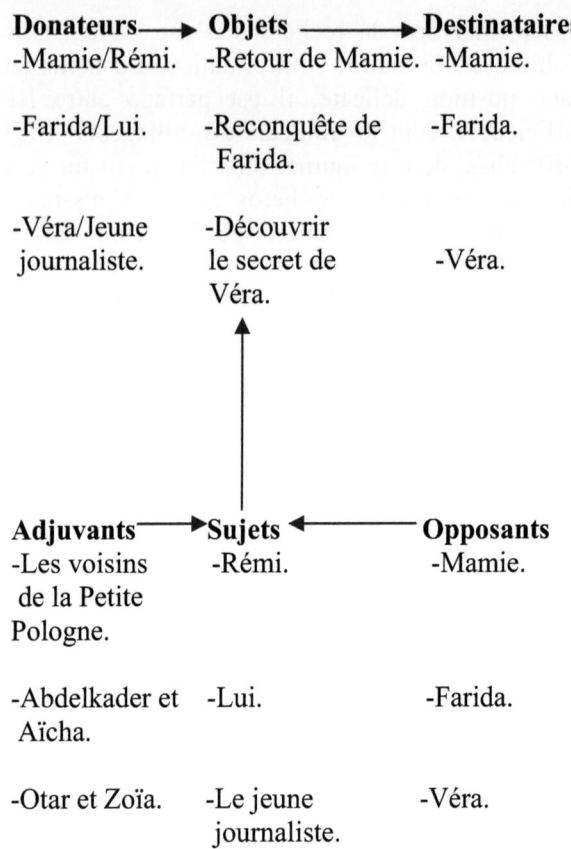

Donateurs	Objets	Destinataires
-Mamie/Rémi.	-Retour de Mamie.	-Mamie.
-Farida/Lui.	-Reconquête de Farida.	-Farida.
-Véra/Jeune journaliste.	-Découvrir le secret de Véra.	-Véra.

Adjuvants	Sujets	Opposants
-Les voisins de la Petite Pologne.	-Rémi.	-Mamie.
-Abdelkader et Aïcha.	-Lui.	-Farida.
-Otar et Zoïa.	-Le jeune journaliste.	-Véra.

Schéma actantiel de *Va savoir*, *Agave* et *La Femme qui attendait*

2- Omniscience de la voix narrative masculine :

La lecture des trois romans ne nous procure pas une perception directe des événements. La perception est assurée par un narrateur ou un « je » émettant un discours à un lecteur virtuel : « Il constitue cet univers nouveau et unique en prenant forme et en se mettent à parler, en l'évoquant lui même par son verbe créateur. C'est lui qui crée cet univers. (...) le narrateur romanesque est, en termes clairs et analogiques, le créateur mythique de l'univers. »[1] Le discours de cette voix narrative se présente dans les récits comme une existence explicite ou implicite, et qui a comme fonction d'expliquer. Le narrateur tente continuellement d'orienter le lecteur, il est l'agent principal qui fait progresser l'instance narrative des trois romans. Pour définir cette voix narrative dans les trois textes, il est important de s'interroger sur la nature de la perception du narrateur. Les marques des trois narrateurs apparaissent d'emblée dissemblables. Le récit québécois est dans sa globalité à la première personne du singulier. Il s'agit d'un narrateur-personnage masculin rapportant des faits qu'il connaît parfaitement. Cette perception lui procure une sorte de conscience totale, voire une omniscience. Nous discernons un narrateur-personnage qui émet l'histoire d'un point de vue supérieur. Cette forme est souvent utilisée dans les récits classiques, dans lesquels le narrateur en sait davantage que les personnages. Il a une bonne connaissance du désir secret de tous ses personnages. Nous sommes en présence d'une variante de la vision « *par derrière* ».

Va savoir commence par le pronom personnel de la deuxième personne du singulier « tu ». Cette marque linguistique suppose systématiquement la juxtaposition d'un autre pronom, celui de la première personne du singulier « je », qui est manifeste tout au long du roman : « *Tu* l'as dit Mamie, la vie il n'y a pas d'avenir là-dedans il fait investir ailleurs. » (VS. p. 9) « Que *j'aie* une mamie, grand comme *je suis*, c'était dur à avaler, (...) *Je suis* un enfant à ma façon et elle n'a plus à se gêner pour venir jouer avec *moi*...» (VS. p. 10) « Mamie, *j'*ai des

---

[1] R. BARTHES, *Poétique du récit*, Paris, Seuil, 1977, p. 80.

problèmes avec *mon* lit pliant. » (VS. p. 79). Rémi, le narrateur-personnage de *Va savoir* opte pour une vision par « *en dessus* », il est mêlé à l'action qui se fait, c'est ainsi qu'il se procure le statut d'un narrateur-agent, assumant son « je » subjectif. Le narrateur s'incarne dans le personnage de l'action, il s'agit d'un « je » masculin pilotant le récit. Pierre-Louis Vaillancourt écrit : « Le narrateur Rémi commente ainsi sa douleur : "Elle m'a donné un torticolis. Je lui ai dit merci". (VS. p. 158). Son ami Rémi, le narrateur, l'accompagne. »[1] Cet état de fait, nous incite à supposer qu'il s'agit d'un narrateur intradiégétique, selon la terminologie de Gérard Genette. Étant à la fois le narrateur et le personnage, Rémi maîtrise tout le savoir de l'histoire racontée, il en sait plus que ses personnages. Cette omniscience est sans limite. En outre, ce narrateur véhicule trois fonctions fondamentales. Tout d'abord, nous distinguons « *la fonction communicative.* » Le narrateur-personnage s'adresse souvent à un lecteur virtuel, afin de maintenir le contact et créer un effet de complicité : « Ça leur a bouché un coin sensible. » (VS. p. 148) « Je sais, elle m'a brûlé au troisième degré. » (VS. p. 282) « Oui je l'aime beaucoup, ma Mary, si robuste et plantée si droite sur ses pieds légers. Mais Jina aussi, toute nue, transparente. » (VS. p. 88). Rémi raconte ses déboires en les communicant à un narrataire, il émet son message, tantôt pour nous faire partager sa souffrance, tantôt pour nous prendre à témoin. Elisabeth Nardout-Lafarge affirme : « Les narrateurs ducharmiens, et plus particulièrement ceux des romans récents, font entendre la voix d'une masculinité souffrante ».[2] Le narrateur-personnage présente aussi une « *fonction modalisante* », dans la mesure où il porte un jugement sur les actions et sur les acteurs. En sus, il possède un pouvoir sur ses personnages, il les modalise à sa manière et à sa propre vision. Toutefois, la troisième fonction est d'ordre idéologique. Il s'agit de « *la fonction généralisante* ».

---

[1] P.-L. VAILLANCOURT, *Réjean Ducharme de la pie-grièche à l'oiseau-moqueur*, Paris, L'Harmattan, 2000, pp. 212 à 215.
[2] E. NARDOUT-LAFARGE, *Réjean Ducharme une poétique du débris*, Québec, Fides, 2001, p. 233.

Tout au long du roman, nous constatons une forte présence de propos à caractère didactique. Le narrateur avance des jugements sur le monde et les hommes et cela prend souvent la forme d'une maxime : « La vie il n'y a pas d'avenir là-dedans, il faut investir ailleurs. » (VS. p. 9) « On est des drôles de cannibales, on ne mange que ceux qu'on aime et ce qu'ils ont de meilleurs, et quand on a fini on s'essuie avec un mouchoir. » (VS. p. 28). Dans la voix narrative ducharmienne existe une focalisation interne. Le récit est assumé par un narrateur qui est le personnage principal, impliqué dans l'action. Le narrateur personnage Rémi témoigne de ce qu'il voit et ressent. Le point de vue adopté est celui d'un narrateur omniscient, surplombant des événements relatés. Ce don d'ubiquité donne au récit un effet de vraisemblance et un sentiment de crédibilité vis-à-vis du lecteur. Cependant, dans *Agave*, le narrateur-personnage[1] masculin en sait autant que ses personnages. Il possède une vision « *avec.* » Il est au même titre de connaissance que les personnages de l'histoire racontée. Cette forme est très répandue dans la littérature contemporaine. Le narrateur nous donne des explications déjà fournies par les personnages. En ce sens, le récit est tantôt à la première personne du singulier, tantôt à la troisième personne du singulier. Tout au long du roman le narrateur ne cesse de changer de perception. Il commence par la troisième personne du singulier afin de passer à la première. Mais toujours dans un axe d'égalité du narrateur/personnage. En somme, le narrateur se situe entre deux paramètres, il est tantôt extra-diégétique et tantôt intra-diégétique : « *Farida* s'éveille parce que *ses* orteils dépassent de la couverture. (...) Un renvoi stomacal acide déshabille *sa* mémoire, déchire les derniers haillons d'un rêve. » (AG. p. 9) « *J'*évite l'ingénieur. *J'*ai envie de finir n'importe où. *Je* n'ai pas encore commencé à "travailler" effectivement. *Je* ne peux pas. » (AG. p. 65). Cette ambivalence du sujet narrateur, ce va et vient entre le « je » et le « il » efface toutes traces du narrateur-personnage. Celui-ci cherche néanmoins, à donner

---

[1.] Cf. D. MAINGUENEAU, *Éléments de linguistique pour le texte littéraire*, chapitre « La situation d'énonciation » et « Les Plans d'énonciation : discours et récit », Paris, Dunod, 2e édition, 1993, pp. 19 à 33.

l'impression qu'il est intérieur à l'histoire racontée, mais en réalité, il n'est qu'un narrateur extérieur. Il semble se procurer une omniscience, en s'incarnant tantôt dans le personnage masculin, tantôt dans le personnage féminin. Lorsque le narrateur évoque la perception masculine, il utilise le « je » et quand il s'incarne dans la perception féminine, il utilise le « il. » Ce phénomène que nous appelons « *vision stéréoscopique* » démontre en fait la pluralité des perceptions dans le roman. Cette complexité de la voie narrative s'explique par la technique d'écriture de l'auteur. Hawa Djabali donne la parole au personnage masculin pour raconter la femme, afin de nous démontrer les non-dits de la société dans laquelle elle évolue. Au Maghreb, la prise de parole de la femme est réfutée d'une façon catégorique, ce fait incite la romancière à donner au personnage masculin la charge de raconter le personnage féminin, pour que sa parole soit entendue. Cette technique positionne le narrateur entre deux visions, tantôt nous le localisons dans le « je », tantôt dans le « il ». L'utilisation de la première personne du singulier sert cependant à témoigner de ce que le narrateur voit et entend. Dominique Maingueneau écrit : « Cette "voix" qui n'a ni la neutralité d'un narrateur anonyme, ni le visage de tel ou tel personnage renvoie à la figure d'un narrateur-témoin, qui partage le point de vue et le langage de la collectivité évoquée par le roman tout en demeurant décalé. »[1] La voix du narrateur- personnage masculin étant à la fois dans le « je » et dans le « il », révèle une réalité culturelle, propre au Maghreb. Dans la société comme dans la fiction, l'homme domine tous les univers, social, familial, relationnel et de surcroît l'univers romanesque. Hawa Djabali souligne fort bien cette réalité : « Ma forme d'humour, c'est de laisser le personnage masculin dans le roman comme dans la vie, prendre tout le temps la parole et donc obstruer la parole. C'est une façon de plaisanter que de le laisser tout au long du livre parler et dire Farida. »[2] Le narrateur dans *Agave* remplit trois

---

[1.] D. MAINGUENEAU, *Éléments de linguistique pour le texte littéraire*, op. cit., p. 111.
[2.] C. ACHOUR dir., *Diwan d'inquiétude et d'espoir*, Alger, ENAG, 1991, p. 547.

fonctions. Tout d'abord, il adopte « *la fonction métanarrative* ». Tout au long de l'histoire racontée, il raconte et commente à la fois. Le narrateur relate les faits en expliquant l'organisation interne de chaque pensée : « Vivre à l'extérieur de soi-même. L'entente avec le "je" n'est plus possible dans la défaite. Je reviens au clan, aux valeurs qui, je le croyais, ne me concernaient pas. Je me marie. Je continue à lire, c'est ma façon de vivre malgré tout avec les autres. » (AG. p. 43). Ensuite, le narrateur présente une « *fonction modalisante* », dans la mesure où il nous décrit les profondeurs de l'âme des personnages. Il nous surprend, en évoquant une part cachée de l'un de ses agents : « Il marche. Homme sans majuscule parmi les gens qui circulent sur le trottoir, sans volontés précises, hormis cette décision de se rendre à cette invitation. » (AG. p. 11). Et enfin, il possède une « *fonction explicative* », car le plus souvent, il explique avec acharnement et précision minutieuse, afin de mieux transmettre son message au lecteur. Il se base sur des détails jugés nécessaires, pour des fins utiles : « Farida s'éveille [...] des gens. » (AG. pp. 9-10). Par conséquent, le point de vue adopté dans le roman algérien est celui d'un narrateur témoin. Il partage le point de vue de la collectivité, tout en demeurant distant. A ce titre, il prend une position narrative instable. En outre, le récit révèle une focalisation interne car le narrateur raconte l'histoire d'un point de vue strictement subjectif et partiel. Selon la terminologie de Gérard Genette, le récit est à la fois « *homodiégétique* » et « *hétérodiégétique.* »[1] La focalisation est très limitée et le narrateur ne peut savoir que ce que le personnage sait. Le lecteur ne possède que les informations connues par le narrateur. Tout au long du roman la profondeur narrative est restreinte. Dans *La Femme qui attendait*, le roman nous introduit dans une voix narrative à la première personne du singulier. Dès les premières lignes du roman, le narrateur-personnage[2] masculin affiche ces marques linguistiques : « *J'*ai écrit cette phrase à ce moment singulier où

---

[1] Cf. G. GENETTE, *Figures III*, Tunisie, Cérès, coll. Critica, 1996.
[2] Cf. C. ACHOUR et S. REZZOUG, *Convergences Critiques, Introduction à la lecture du littéraire*, chapitre « L'analyse interne du texte », Alger, Offices des Publications Universitaires, janvier 1990, p. 196.

la connaissance de l'autre (de cette femme là de Véra) nous semble acquise. » (FA. p. 9). D'emblée, le récit présente un narrateur-personnage masculin qui est l'agent principal de l'histoire. Cependant, ce narrateur ne possède guère la même omniscience que le narrateur québécois ou algérien. Le récit marque à la fois la présence du « je » et la distanciation de celui-ci vis-à-vis de sa propre narration. Il s'agit d'un narrateur possédant une vision « *du dehors.* » Il est moins informé que n'importe quel personnage de l'histoire. Le narrateur s'incarne dans le personnage de l'histoire, qui est le jeune journaliste.[1] La quête de cet agent principal est l'investigation, mais manifestement son enquête est fondée sur des éléments peu crédibles. Cet état de fait prive le narrateur-personnage du don d'ubiquité, qui lui procure une vision, voire une perception entreprenante. Tout au long de l'histoire racontée, le narrateur nous décrit uniquement ce qu'il perçoit et notamment ce qu'il entend, car sa recherche est basée plus particulièrement sur des informations officieuses, dont la rumeur des villageois. Il n'a point accès à la conscience des personnages. Et il laisse le lecteur livré à lui-même pour deviner ce qui suit, car il s'agit d'un roman à énigme. Cette technique basée sur le suspens et la devinette crée chez le destinataire une sorte d'incompréhension. Le narrateur étant le héros de l'histoire cherche à nous impressionner en empruntant cette voie. Ce pur sensualisme provoque l'énigmatique, dans lequel le lecteur virtuel est obligé malgré lui de se baser surtout sur les sensations internes des idées, beaucoup plus que sur les idées elles-mêmes, car celles-ci demeurent peu utilisées. Lorsque le narrateur avance une description quelconque, nous ne pouvons savoir ni la nature, ni la finalité de ses propos. Tout est dans l'histoire à peine nommée, y compris le narrateur lui-même. Celui-ci ne nous donne aucune information sur lui, excepté qu'il est un jeune journaliste. En somme, il est témoin pour lui-même et pour les autres. Mais paradoxalement, il s'agit d'un témoin qui ignore tout ce qui l'entoure, et, de surcroît, il procède mal pour en savoir plus. Ce type de narrateur perdu semble très répandu

---

[1.] Comme dans le roman *Agave*, le héros dans *La Femme qui attendait* ne possède pas de nom, nous lui octroyons la dénomination du jeune journaliste.

dans l'univers littéraire contemporain. En conséquence, ce fait laisse supposer que le narrateur est intradiégétique, dans la mesure où il s'incarne dans le personnage principal de l'histoire : « *Je* sortis en courant, mais Véra était déjà loin. » (FA. p. 167) « *J'étais* venu ici par hasard, après de longs détours (...). » (FA. p. 103). Le narrateur dans *La Femme qui attendait* est cependant hétérodiégétique lorsqu'il raconte l'histoire mystérieuse du personnage féminin Véra : « Une femme si intensément destinée au bonheur (ne serait-ce qu'un bonheur purement physique, oui, à un banal bien-être charnel) et qui choisit, on dirait avec insouciance, la solitude, la fidélité envers un absent, le refus d'aimer...» (FA. p. 9). Ce dédoublement de vision présume l'objectivité dans le « je » Il s'agit d'étudier le personnage de Véra avec une objectivité. A travers cette technique, le narrateur donne l'impression qu'il est distant à la description du personnage. Le narrateur-personnage étant journaliste, il analyse, voire scrute, l'objet étudié avec distance et objectivité. Ce fait suppose une focalisation externe, car le narrateur décrit un personnage dont il ne connaît pas les sentiments. Le narrateur du roman russe accomplit donc une « *fonction communicative.* » Il maintient souvent le contact avec le lecteur, dans le but d'expliquer. Nous remarquons la présence fréquente d'un refrain qui revient constamment, afin d'interpeller le destinataire : « Une femme si intensément destinée au bonheur...» (FA. pp. 9-10-12). Cette phrase incomplète introduit d'emblée le lecteur dans le récit, tout en provoquant chez lui un effet de curiosité, qui l'incite à vouloir avancer dans l'histoire. En revanche, le narrateur ne présente ni de « *fonction modalisante* » ni « *généralisante* ». Au cours de sa recherche, il n'utilise aucun jugement de valeur et aucun propos didactique. Il tente de procéder d'une façon scientifique. L'objet de recherche semble être vide de toute subjectivité. Le narrateur-personnage masculin dans les trois romans francophones pilote la narration, il maîtrise tout ce qui l'entoure, y compris le personnage féminin. Il utilise une fonctionnalité, qui lui sert de prime abord, et cela au détriment de l'héroïne, qui est reléguée au second plan, se laissant dire et être racontée par un narrateur-personnage régisseur, voire maître de sa narration. Il possède sur elle un don de perception, il est maître non seulement de sa narration, mais également des personnages. En conséquence, il s'accorde à lui-même une image, tout en octroyant une autre image à l'héroïne. Cette similitude observée dans *Va savoir*, *Agave* et *La Femme qui attendait* et qui reste d'ordre narratif, nous dévoile un aspect beaucoup plus culturel que littéraire. Les trois romans francophones nous exposent une réalité purement et pleinement sociale, celle d'une vision sexiste.

3- Escamotage de l'héroïne francophone :

D'emblée, nos trois œuvres présentent *« le roman de personnages »*, dans la mesure où l'héroïne est présentée comme une figure physique, morale, sociale et psychologique, et que sur le plan formel, il s'agit d'un personnage féminin obéissant au personnage traditionnel. Les romanciers ont doté l'héroïne d'un ensemble important de caractérisations afin de donner à cet être de papier une réelle épaisseur. Cette spécificité se manifeste de prime abord par le nom. Les trois héroïnes possèdent un nom, un prénom, voire même un surnom. Ce signe social présente tout un fonctionnement référentiel, car le nom de l'héroïne met ce personnage fictif dans un cadre socio-historique et culturel propre à la société et comme l'écrit Christiane Achour-Chaulet : « Le nom est produit pur d'un texte et producteur de sens dans un texte. »[1] L'acte onomastique[2] introduit le personnage malgré lui dans une fonction de la classe sociale, d'où le signe social du nom. Ce cas de figure se présente notamment dans le roman algérien, où le prénom de l'héroïne est révélateur de sens. Le prénom de Farida nous rend compte d'emblée d'une fonction sociale, car ce signe de langue arabe, signifiant femme originale et authentique, relève d'une association entre le signifié et le signifiant. Autrement dit, le prénom s'associe avec l'image de l'héroïne dans le texte. La singularité dans le signe s'accompagne par la spécificité du signifié, car en se présentant à travers un comportement complexe, Farida demeure authentique. En outre, le personnage féminin a également un âge, une profession, une famille, des liens de parenté, il appartient à une classe sociale, à un passé, à un présent, à une tradition et à une culture. La femme est de surcroît spécifique par des traits physiques, moraux, socio-économiques, par un mode de vie, qui nous renvoie continuellement à sa dénomination. Le signifié est en étroite relation avec le

---

[1.] C. ACHOUR-CHAULET et S. REZZOUG, *Convergences Critiques, Introduction à la lecture du littéraire*, op. cit., p. 204.
[2.] Cf. C. MASSERON et B. PETIT JEAN, « Pour une définition du personnage : l'exemple de Germinal », in *Pratiques*, Paris, PUF, N°22-23, Mars 1979, p. 76.

signifiant dans les textes francophones. Les romans donnent une description très précise de l'héroïne, celle-ci répond à un système fondé sur le paraître. A ce propos Jean-Philippe Miraux écrit : « La description physique relève du portrait voire du domaine du paraître, de l'apparence, de l'extériorité, c'est-ce que Roland Barthes appelle "arrangement rhétorique, anatomique et phrastique". »[1] Il rajoute un peu plus loin : « Chaque signe extérieur permet de lire une possible trahison, une probable alliance, un pénible retournement. Ce code complexe, mais aisément traduisible si l'on y reste attentif, est ponctuellement signalé dans l'œuvre, comme si la vraisemblance des personnages dépendait de leur appartenance à ce milieu singulier et extraordinaire. »[2] L'apparence physique demeure fondamentale pour la suite des événements, il s'agit de définir le personnage féminin physiquement dans un espace romanesque particulier. La finalité de cette apparence réside dans la notion de représentation, il s'agit de rendre le personnage féminin plus proche de la réalité. A l'intérieur des romans la construction du personnage féminin se réalise par la mémoire, c'est-à-dire que la construction de l'héroïne s'élabore en fonction des souvenirs du narrateur-personnage. Cette technique de narration, nous renvoie à la constitution du personnage proustien, dans laquelle le personnage se réalise à la fois dans le parcours et le mouvement du passé. Georges Poulet affirme que : « Le roman de Proust est l'histoire d'une recherche : une recherche, c'est-à-dire une suite d'efforts pour retrouver quelque chose que l'on a perdu. C'est le roman d'une existence à la recherche de son essence. »[3] Nous discernons dans le corpus francophone une dichotomie flagrante entre les personnages. Nous constatons d'emblée une opposition entre le personnage masculin et le personnage féminin. Dans chaque roman les deux catégories sont construites en couple contraste. Dans cette relation complexe, le couple (Rémi/Mamie, Lui/ Farida et le jeune journaliste/Véra) se définit dans l'opposition,

---

[1.] J.-P. MIRAUX, *Le Personnage de Roman*, Paris, Nathan, coll. « 128 », 1997, p. 15.
[2.] Ibid., p. 16.
[3.] G. POULET, *Études sur le temps humain, I*, Paris, Presses Pocket, 1952, p. 408.

l'affrontement, la confrontation et l'antagonisme et ce fait atteint tous les niveaux de fonctions. Mamie, Farida et Véra subissent donc une description minutieuse, à l'intérieur de laquelle, la femme est réduite à un système de caractéristiques extérieures et intérieures : « Dans notre culture et pour notre instruction coexistent les trois principales formes prises successivement par le héros de roman : le type, le caractère, la conscience. Le personnage-signe, ou ombre, tel qu'il a été conçu de nos jours, nous propose encore une vision du monde. »[1] Cette dichotomie entre le personnage féminin dûment dévoilé et le personnage masculin anonyme, nous incite à distinguer au *niveau des fonctions*, deux fonctions de personnages selon la terminologie de Léo Ferrero : « *Les personnages fonctions des événements* » et « *les événements fonction des personnages.* »[2] La première catégorie concerne le personnage féminin des trois romans francophones. Mamie, Farida et Véra favorisent la création du complot dans l'intrigue, elles sont donc les génératrices des événements. Cet état de fait, résulte de deux fonctions bien distinctes, l'une est « *analytique* » et l'autre est « *progressive.* »[3] La première fonction propre au personnage féminin joue un rôle primordial au sein de l'intrigue, car elle nous permet d'atteindre la psychologie profonde du personnage, qui est décrite dans la modalité de « *l'être* », et aide en ce sens le déroulement et l'avancement de l'intrigue. Tandis que « *la fonction progressive* », renvoie le personnage masculin à la modalité du « *devenir.* » Étant anonyme et n'ayant aucun statut matériel, le héros ne contribue en aucun cas à l'avancement de l'histoire, car il est lui-même en train de se réaliser et se faire, d'où la fonction progressive du personnage. *Au niveau des actions*, nous distinguons deux catégories de personnages, « *les personnages agents et les personnages patients* ».[4] Rémi, Lui et

---

[1] M. ZERAFFA, *Personne et Personnage, Le romanesque des années 1920 aux années 1950*, Paris, Klincksieck, 1969, p. 466.
[2] L. FERRERO dans la préface de son roman inachevé *Espoirs*, Paris, Rieder, 1935.
[3] Selon la terminologie de N. CORMEAU, *Physiologie du Roman*, Paris V^e, A. G., Nizet, 1966.
[4] Cf. C. BREMOND, *Logique du récit*, Paris, Seuil, 1973.

le jeune journaliste sont des personnages agents dans la mesure où ils sont les initiateurs du processus, ils sont les maîtres de la fiction. Ils régentent à la fois l'action et les personnages de l'histoire. Quant aux personnages patients, dont Mamie, Farida et Véra, elles subissent l'action du héros et demeurent affectées par le personnage agent et les événements de l'histoire, elles sont passives sur le plan des actions, dans la mesure où elles ne demeurent point maîtresses de leur image, car la représentation féminine est contrôlée par un narrateur-personnage qui s'obstine à dévoiler la vie intérieure et extérieure de ses personnages. En conséquence, l'héroïne se trouve dépouillée, dévoilée, mise à nu par un héros à la fois obsédé et passionné. A ce niveau, nous discernons l'importance des données octroyées au lecteur. Ce dernier en sait davantage sur l'héroïne, c'est-à-dire, le nom et prénom, l'âge, la profession, et de surcroît, la conscience profonde. Dans cet examen anatomique, rien n'est laissé en aparté, tout est mis en relief par le personnage agent. Celui-ci dissèque même l'expression des sentiments, qui se présente par truchements. Autrement dit, la femme exprime rarement ses émotions, en employant la première personne du singulier, car le personnage masculin est souvent l'intermédiaire entre la femme et le lecteur. En conséquence, l'expression des sentiments chez le personnage-patient est rarement directe. La mise en exergue de la vie psychologique de la femme permet la sur-caractérisation du personnage. En somme, les héros des trois romans ne nous racontent guère une histoire, mais un personnage. L'omniprésence du héros dans cette vie psychologique, nous incite à le qualifier de monomane, dans la mesure où il s'obstine passionnément à nous faire découvrir l'intensité de cette vie intérieure mouvementée et paroxystique. Auparavant, la psychologie des profondeurs servait aux romanciers modernes à mettre en scène des psychopathes, comme les héros de Julien Green ; désormais, cette conscience profonde sert dans les romans de notre corpus à présenter des femmes singulières avec des complexités psychologiques. Celles-ci s'intensifient notamment lorsque intervient le personnage-agent, en apportant des jugements et des explications partielles et partiales sur le personnage-patient. Cette complexité du personnage-patient, nous renvoie à la distinction élaborée par Edward Morgan Forster dans *Aspects of the novel [Les aspects du roman]*, qui distingue deux catégories de personnages : « *round and flat* » *[les personnages ronds et les personnages plats]*. Cette distinction nous rend compte d'un personnage féminin « *rond* », compliqué par opposition à un personnage masculin « *flat* », plat, construit autour d'une idée et obsédé par celle-ci. Ces personnages masculins-agents, qui sont considérés psychologiquement comme monomanes, sont réduits à une seule faculté qui se résume par l'obsession vis-à-vis du personnage féminin. Mais paradoxalement, le lecteur semble plus attaché au personnage féminin rond, ou le personnage-patient, dont la psychologie est complexe et que le lecteur comprend moins facilement. Le lecteur semble attiré par ce type de personnage, qui l'incite à s'interroger sur ses comportements absurdes et observer ses gestes singuliers, et ceci afin de les interpréter à sa façon. Les trois romanciers francophones font souvent appel à des comportements féminins complexes et mystérieux, tels que l'attente inexplicable de Véra pour un fiancé inexistant, ou le départ étrange de Mamie à l'aventure, ou également le sentiment d'insensibilité et d'indifférence de Farida vis-à-vis des hommes. Ce type de comportement laisse à l'imagination du lecteur une certaine liberté, le lecteur ayant le soin d'interpréter les significations profondes des personnages : « Tout l'essentiel n'est jamais dit, le lecteur ne bénéficie que de quelques indices ; ce qui avait été un secret dans la vie de l'héroïne était resté comme un secret. »[1] En outre, Les auteurs francophones essayent de façonner des êtres susceptibles d'éveiller chez le lecteur un attachement et une identification. Cette identification du lecteur au personnage de Mamie, Farida et Véra nous renvoie à l'intuition bergsonienne, qui nous explique cette sympathie du lecteur à la conscience intérieure de l'être en papier, à laquelle nous nous attachons et nous nous familiarisons et qui donne, en conséquence, un sentiment de sympathie du lecteur vers le personnage en question : « Or, le roman, est, à cet égard une construction impure, c'est à l'homme tout entier qu'il s'adresse. Sans doute, l'intelligence est elle susceptible d'y goûter les déclarations les plus hautes ;

---

[1] M. RAIMOND, *Le Roman*, Paris, Armand Colin, coll. Cursus, 1998, p. 180.

jamais pourtant elle n'y est détachée de toute relation avec la sensibilité. C'est notre émotivité que le roman vise en première ligne. »[1] En revanche, ce personnage féminin auquel s'est attaché le lecteur, peut dans certains cas nous décevoir. Le lecteur éprouve tantôt de la sympathie et tantôt de la déception vis-à-vis de l'héroïne francophone. Cette chute ou cette mutation brusque, nous l'avons rencontrée à la fin des romans québécois et russe. Arrivés au terme de l'histoire, les romanciers de *Va savoir* et *La Femme qui attendait*, préoccupés par la nécessité de trouver une fin, brisent cette conscience profonde du personnage féminin et tuent ainsi l'être profond auquel le lecteur s'est accoutumé. Mamie finit par disparaître ou peut-être par se suicider et Véra finit dans une échappatoire inexplicable. Les deux auteurs interviennent directement dans la rupture du flux vital de la conscience profonde du personnage féminin. Toutefois, cette présentation descriptive escamote l'héroïne en tant que telle. Car en étalant sa vie intérieure et extérieure, son apparence physique et psychologique, sa vie sociale et morale, le personnage féminin en tant que personne reste relégué au second plan. Jean-Philippe Miraux affirme dans *Le Personnage de Roman* : « La description du personnage tue le personnage, l'appauvrit, le rend insipide, c'est au lecteur de le construire par la puissance de son imagination. »[2] Dans cette sur-description de l'héroïne, les trois œuvres détruisent le personnage en tant que tel. Cet état de fait, nous renvoie aux « *personnages bobines* » dans *Le Journal des Faux-Monnayeurs* (1926) d'André Gide : « Ne pas amener trop au premier plan - ou du moins pas trop vite - les personnages les plus importants, mais les reculer au contraire les faire attendre. Ne pas les décrire, mais faire en sorte de forcer le lecteur à les imaginer comme il sied. »[3] La description radioscopique du personnage féminin est un outil pour les romanciers francophones, dans la mesure où ils tentent à travers cette technique d'écriture, l'élimination du personnage. La description physique exagérée et le dévoilement des

---

[1] N. CORMEAU, *Physiologie du Roman*, op. cit., p. 56.
[2] J.-P. MIRAUX, *Le Personnage de Roman*, op. cit., p. 81.
[3] A. GIDE, *Le Journal des Faux-Monnayeurs*, Paris, Eos, 1926, p. 56.

profondeurs psychologiques de la femme escamotent purement et simplement le personnage, d'où la non-prise de la parole à la première personne du singulier. Ce flux de détails exclut toute présence de l'héroïne en tant que telle. Le monde extérieur, voire matériel gagne en importance sur la présence féminine. C'est la présence féminine qui appartient aux choses et non pas l'inverse. En conséquence, ce monde provoque l'effacement de l'être féminin : « Nous assistons à la lente agonie d'un monde qui ne tient plus debout que par la force des apparences, et personne n'oserait plus prétendre, dans l'état actuel des connaissances sur l'homme et sur la société, que le personnage ne soit pas devenu une fiction parfois commode et parfois encombrante. »[1] En outre, l'anonymat du personnage masculin lui sert à se dévorer.[2] Car dans l'absence du monde matériel, Rémi, Lui et le jeune journaliste se perdent souvent dans la conscience profonde de soi et de l'autre. Mais dans l'absence de celui-ci, le personnage se perd et s'anéantit, en entraînant dans sa chute le personnage féminin. C'est le cas dans le roman québécois, où le héros atteint vers la fin de l'histoire cette phase de l'auto-dévoration, qui se traduit par l'abandon de soi, et de l'autre également. Dans le roman russe et algérien, la dévoration du personnage possède une autre forme, car, vers la fin des romans, le personnage féminin reprend son histoire en obstruant la parole masculine. Cette dernière disparaît de l'histoire et cesse de dire la femme. Dans ce cas de figure, il s'agit d'une autre forme de dévoration, car c'est l'héroïne, par sa reprise de la parole qui dévore l'autre, c'est-à-dire l'homme : « Il me raconte et se bat avec le reflet de moi-même ! Il oublie sa violence, son mutisme, son insensibilité et remâche ma "frigidité" ! Il voudrait bien que je reste un cas personnel et que je ne crie pas trop fort ! Moi tout à coup, je suis rentrée dans mon histoire, (…) Moi tout à coup, j'ai décidé de gâcher son histoire, de cracher sur ses mots ! » (AG. p. 110). Pour une meilleure compréhension de la sur-caractérisation de l'héroïne,

---

[1.] M. RAIMOND, *Le Roman*, op. cit., p. 175.
[2.] Cf. l'analyse de B. PINGAUD, « L'École du refus », in *Esprit*, Paris, Esprit, juillet-août 1958, p. 55 et sq.

nous pouvons nous appuyer sur l'étude de Philippe Hamond[1] dans *Introduction de l'analyse du descriptif* :

[1.] P. HAMON, *Introduction de l'analyse du descriptif*, Paris, Hachette, 1981, p. 125.

Couple de personnages dans *Va savoir*	Traits physiques et sociaux	Traits Psychologiques
Mamie	-Ginette Thérien (139). -Jeune femme de tente ans (281). -Description physique (141). -Étudiante en espagnole et en portugais, bénévole auprès des enfants (80). -Infirmière (80).	-Femme libérée (27-44). -Hantise et la honte de soi (262). -Asociale et hystérique (138). -Refus de contact charnel (19). -Recherche d'un salut (237).
Rémi	-Rémi Vavasseur, surnommé Emi (18). -Professeur de française (34).	-Personnage enfant (16). -Personnage amoureux (90). -Personnage abandonné et humilié (257).

Tableau N°1 : Niveau descriptif des personnages principaux dans *Va savoir*.

Couple de personnages dans *Agave*	Traits physiques et sociaux	Traits Psychologiques
Farida	-Jeune femme de vingt sept ans (29). -Description physique (48). -Femme instruite (14). -Médecin gynécologue (46).	-Femme indépendante (110). -Femme secrète et renfermée (62). -Personnage désespéré et asocial (102). -Femme insensible au contact charnel (110).
Lui	-Ingénieur en agriculture (24).	-Personnage éffacé (64). -Personnage amoureux et humilié (18-57).

Tableau N° 2 : Niveau descriptif des personnages principaux dans A*gave*.

Couple de personnages dans *La Femme qui attendait*	Traits physiques et sociaux	Traits Psychologiques
Véra	-Femme de quarante sept ans (83). -Description corporelle (131). -Enseignante et doctorante en linguistique (112).	-Personnage tacite et taciturne (112). -Personnage mystérieux (25). -Personnage fidèle (60). -Personnage craintif et douteux (198). -Femme désirée (201). -Femme mythique et idéalisée (130).
Le jeune journaliste	-Jeune journaliste et thésard (47).	-Personnage perdu (196). -Personnage piégé et trompé (199).

Tableau N° 3 : Niveau descriptif des personnages principaux dans *La Femme qui attendait*.

4- Les éclats de représentation : métamorphose et bouleversement :

Michel Zeraffa affirme : « Le roman original est presque toujours un anti-roman, où se dessine une anti-personne. Au XXe siècle un principe semble certes régné sur l'expression de la personne dans le roman : le refus de la certitude. Faisons cependant observer d'une part que de toute entreprise de démystification surgit un mythe nouveau (l'absence même du "personnage"). »[1] Les personnages des œuvres francophones demeurent singuliers, dans la mesure où ils se présentent sous un modèle différent de celui des personnages des romans francophones traditionnels. Cette spécificité du personnage se manifeste notamment dans l'approfondissement et l'appauvrissement de l'âme de l'héroïne. Les trois romanciers francophones insistent dans leur écriture sur ce réel profond. Nathalie Sarraute suggère d' : « Approfondir la recherche en direction de ce qui, en nous, est tapi dans les recoins de notre conscience, ou de notre subconscient : manifestations ténues, habiles, diffuses, « *sous-conversations* » qui accompagnent, sous-jacents, nos actes et nos pensées du quotidien apparemment le plus insignifiant. »[2] Les personnages féminins tels que Mamie, Farida et Véra sont décrits avec une réelle authenticité. Elles vivent continuellement dans le doute, le soupçon et l'incommunicabilité. Ces personnages sont de prime abord un état psychologique, et c'est dans l'espace du subconscient que surgissent leur singularité et leur complexité. En fait, les trois œuvres francophones nous racontent non pas une histoire, mais des personnages authentiques. Car si autrefois le roman francophone présentait une histoire, désormais il nous raconte un ou des personnages singuliers. L'histoire des romans francophones serait donc celle de la disparition du personnage féminin classique, celui de XXe siècle. Les personnages dans le roman francophone traditionnel

---

[1.] M. ZERAFFA, *Personne et Personnage, Le romanesque des années 1920 aux années 1950*, op. cit., p. 460.
[2.] Cité d'après P. CHARTIER, *Introduction aux grandes théories du roman*, Paris, Dunod, 2e édition, 1998, p. 186.

demeuraient figés autour d'une structure préétablie, celle-ci obéit à un modèle fini, dans lequel le personnage suit une destinée déjà connue par le lecteur : « Dans un premier temps, le personnage semble se caractériser par ses limites et ses conventions. (…) ce sont des types qui représentent leur communauté ou leur caste de façon exemplaire. (…) Ils suivent des trajet identiques, quêtes et conflits, au travers d'aventures similaires. (…) des personnages sans liberté, qui réalisent un destin préétabli ».[1]

Toutefois, au sein du roman francophone contemporain existent des personnages nouveaux. Si autrefois, l'héroïne avait un rôle et véhiculait une cause telle que la condition féminine, désormais, elle représente le doute, le mystère et le néant, il s'agit d'un personnage fermé sur lui-même. La perplexité de l'héroïne se manifeste par le traitement psychologique et psychanalytique. La femme est constamment décrite dans un long monologue intérieur, dévoilant ainsi les profondeurs de son âme. Mamie, Farida et Véra sont racontées d'un point de vue purement subjectif, à l'intérieur duquel se trouve une femme incertaine, hésitante et floue au sein d'une société purement individualiste et pragmatique. Ce nouveau personnage féminin ne veut en aucun cas défendre une cause ou démontrer une vision manichéenne de son univers ou de la société. Nous nous retrouvons en somme avec une héroïne moins figée et moins hiérarchisée. Mamie, Farida et Véra cherchent avant tout, à travers un Moi insignifiant, à présenter une originalité, voire une authenticité. En outre, Mamie, Farida et Véra sont des personnages génériques ; n'importe quel personnage peut les remplacer. En conséquence, elles deviennent l'ombre d'elles-mêmes. C'est à contre cœur, que les romanciers leur accordent un aspect physique, gestes, sensations, sentiments courants. Mais même, avec ce peu d'intérêt, elles ne demeurent pas repérables. En 1950, Nathalie Sarraute décrivait cette dichotomie entre le personnage traditionnel et le nouveau personnage : « Elle décrète que les personnages de Balzac et de Flaubert, les héros de romans d'analyse sont bien morts. Restent d'une part, les livres où règne le "Je tout-puissant". (…) Le récit

---

[1.] Y. REUTER, *Introduction à l'analyse du roman*, op. cit., p. 23.

à la première personne survit, parce qu'il cherche à découvrir des "états complexes et tenues". »[1] Ces états donnent en conséquence naissance à une héroïne genre « *pauvre type* », une anti-héroïne, une laissée pour compte de l'histoire romanesque et de l'Histoire des hommes. Il est vrai que ces personnages féminins sont révoltés, mais elles demeurent incapables d'agir, elles sont désespérées et incapables de surmonter les contradictions de la société dans laquelle elles vivent, c'est le même type que celui de l'antihéros du roman du XXe siècle. En outre, l'intériorité de l'héroïne ne la présente en aucun cas dans l'héroïsme et l'action comme les personnages féminins antérieurs. La femme est décrite dans une passivité complète. Ce personnage féminin semble être à la fois dévoré par l'analyse intérieure et rongé par un sentiment de culpabilité[2], de hantise et de remord. Ce sentiment contribue normalement à la détruire. Comme le narrateur proustien qui se présente comme le premier grand coupable du XXe siècle, l'héroïne demeure plongée dans cette culpabilité sans cause apparente. Les personnages féminins des trois romans se présentent donc comme des anti-héros. Nous constatons avec eux un retour au héros tragique, déshumanisé, qui ignore de surcroît les raisons de son désarroi. Tels que les héros de Franz Kafka, les héroïnes ne savent plus pourquoi elles sont de la sorte. Tels que les personnages de Samuel Beckett, elles sont rongées par une punition, sans cause. Dans cette analyse des profondeurs, le dehors et le dedans subissent la même destruction. Dans cette écriture francophone contemporaine, les romanciers nous ne proposent plus une forme précise de l'individu féminin représentatif. Les écrivains refusent de se référer à un modèle de personnage, dans la mesure où ils ne cernent point une figure, mais une conscience. De cette dernière surgit le monologue intérieur, le regard et le point de vue, qui obstrue toute recherche de vérité dans la représentation féminine. Dans cette intériorité, le lecteur ne cherche point une crédibilité dans

---

[1.] Cité d'après J.-Y. TADIE, *Le Roman au XXe siècle*, Paris, Pierre Belfond, coll. Agora, 1990, p. 54.
[2.] Cf. R. LAPLANCHE et J.-B. PONTALIS, *Vocabulaire de la psychanalyse*, Paris, PUF, 1967, p. 440.

l'image ou dans la représentation, car elle semble être inexistante : « Nathalie Sarraute souligne seulement combien il était naïf de rechercher la vérité de l'homme dans l'agile complexité d'une conscience. »[1] Par conséquent, l'univers féminin actuel apparaît privé de sens et de raison. L'héroïne représentative, ordonnée, clarifiée et logique ferait désormais partie du passé de la littérature francophone. Les héroïnes ne se présentent à travers aucune dialectique, il s'agit de personnages voués à subir, incapables d'agir, privés de toute participation active et concrète, de par leur existence dans une zone subjective-passive.

4-1 Présence scripturale :

Mamie, Farida et Véra se présentent sous une forme de présence absente. Dans les trois romans francophones la présence féminine se restreint à une matérialité, elle est présente dans un corps, une surface, voire une fermeture. L'héroïne est escamotée en vertu de l'absence de/au monde, en tant que sujet, elle est dévorée par un excès de matérialité, qui lui fait un défaut d'être. Et les rapports du personnage féminin avec les autres ne se réalisent que dans la mutuelle suppression du sujet en tant qu'être. Cette difficulté d'être, Maurice Blanchot la résume dans *L'Amitié* (1971) : « Des personnages ? Oui, ils sont en position de personnages, des hommes, des femmes, des ombres, et pourtant ce sont des points de singularité, immobiles, quoique le parcours d'un mouvement dans un espace raréfié, (…). Espace raréfié que l'effet de rareté tend à rendre infini jusqu'à la limite qui ne le borne pas. »[2] Mamie, Farida et Véra sont décrits dans un surplus, tel que le personnage de Maurice Blanchot dans *Le Dernier Homme* (1957). Cet excédent se manifeste par une forte présence de la matérialité en surnombre, qui fait évacuer l'héroïne du monde romanesque en tant que sujet. Elle demeure immobile et immuable tel un objet. Elles sont des formes vides, et ne sont que porteuses de leur simple

---

[1]. M. ZERAFFA, *Personne et Personnage, Le romanesque des années 1920 aux années 1950*, op. cit., p. 434.
[2]. M. BLANCHOT, *L'Amitié*, Paris, Gallimard, 1971, p. 133.

désignation. Cette absence de présence nous incite à nous interroger sur la signification et la nature de leur présence : « Comme s'il n y avait en lui que sa présence, et que celle-ci ne l'eût pas laissée être prescrite : immense présence, lui-même ne paraissait pas pouvoir la remplir, comme s'il avait disparu en elle et qu'elle l'eût absorbé lentement, éternellement une personne présence sans présence peut-être. »[1] En conséquence, l'héroïne francophone occupe dans l'univers romanesque une simple présence scripturale. Cette présence n'a ni de rapport à l'existence du monde, ni de rapport au référentiel, ni de rapport à la représentation classique et ni de rapport à la fiction. Cette présence matérielle ne peut se réaliser que dans l'écriture elle-même, autrement dit, l'héroïne n'a d'existence que dans les mots, elle ne peut exister en dehors de ces derniers. En dépit d'une caractérisation énumérée, le personnage féminin demeure anonyme. Cet anonymat n'a aucun rapport avec le nom, mais plutôt avec la présence en tant qu'être. Maurice Blanchot écrit dans *Le Pas au-delà* (1973) : « L'anonymat après le nom n'est pas l'anonymat sans nom. L'anonymat ne consiste pas à creuser le nom en s'en retirant. L'anonymat pose le nom, le laisse vide, comme si le nom n'était là que pour se laisser traverser parce que le nom ne nomme pas, la non-unité et la non-présence du sans nom. »[2] Une telle conception du personnage n'est pas seulement l'expression d'un désespoir ou d'une incapacité de se dire. Cette conception est également une interrogation sur l'écriture, sur la signification d'un parcours littéraire francophone et sur la notion même du personnage, sa constitution et son évolution, qui demeurent une rupture avec le personnage traditionnel. A ce propos, Jean-Philippe Miraux souligne dans *Le personnage de Roman* : « Une telle conception du personnage anonyme, vide, dépassant même l'anonymat dans sa neutralité fuyante et glacée n'est pas seulement l'expression d'un désespoir ou d'une incapacité à dire. Bien plutôt, elle nous invite, (…) à l'interrogation de l'écriture romanesque sur elle-même (…). Pourquoi, en définitive, cette exigence d'anonymat dépassant l'absence de nom dans un

---

[1.] M. BLANCHOT, *Le Dernier Homme*, Paris, Gallimard, 1957, p. 50 et sq.
[2.] M. BLANCHOT, *Le Pas au-delà*, Paris, Gallimard, 1973, p. 52.

univers si souvent délabré ? »[1] L'objectivation et le non-sens de l'héroïne ne serait-il pas un instrument pour les romanciers francophones, qui, en obstruant la représentation féminine, tentent de mettre en exergue une autre forme de représentation. Nous constatons que les personnages (féminins et masculins), ne peuvent se concevoir que par rapport à l'écriture qui leur permet d'exister, ils sont porteurs de cette écriture, qui fait d'eux un simulacre de personnages. En conséquence, il s'agit plus d'une présentation d'une écriture, que d'une représentation d'un personnage. Les trois romans francophones présentent beaucoup plus l'aventure de l'écriture d'un personnage, que l'écriture de l'aventure de l'héroïne. Et comme l'écrit Jean Ricardou : « Un roman est (…) moins l'écriture d'une aventure, que l'aventure d'une écriture ».[2]

---

[1] J.-P. MIRAUX, *Le personnage de Roman*, op. cit., p. 122.
[2] J. RICARDOU, *Problèmes du nouveau roman*, Paris, Seuil, 1967, p. 111.

5- Communication de l'incertitude :

Michel Zeraffa souligne dans *Personne et Personnage* : « Enfin le roman du pur constat est celui de la pure incertitude : plus les phénomènes de perception supplantent les autres fonctions psychologiques, l'immédiateté et la durée, plus sont laissées dans l'ombre la totalité et la destination de la personne. »[1] Les trois romans francophones présentent la conscience comme le seul champ romanesque propre à la femme. Dans l'optique de *« courant de conscience »* le monologue intérieur se répand sans cesse dans un discours à deux visées : celui du Moi, un discours intérieur et celui du monde extérieur, jugé distinct. Michel Zeraffa écrit également : « Le monologue intérieur n'est pas un discours qu'un personnage s'adresse, mais bien une suite de réactions se manifestant, s'exprimant entre deux limites, deux écrans : celui du Moi indistinct, celui du monde extérieur - trop distinct - qui se répondent sans cesse. »[2] Dans cet univers du Moi profond, l'héroïne est décrite dans une existence désagrégée, car le sujet profond va de fragmentation en fragmentation, ce fait est essentiellement dû à sa non-maîtrise du discours émis. Le narrateur-personnage étant le porte parole du Moi profond de la femme, il se perd souvent dans cette vie intérieure du personnage féminin. L'héroïne est en conséquence privée de la dimension fondamentale de la personne humaine, en tant que sujet. Au moment où le narrateur-personnage parle, il intègre des messages parvenus du dehors, de son propre Moi et issus de sa propre mémoire, afin de les incorporer dans le discours intérieur de l'héroïne. Ce mélange entre ce discours intérieur et extérieur donne lieu à une fragmentation de la conscience féminine. En fait, comme chez les personnages d'Édouard Dujardin, tout se passe dans la conscience du narrateur, qui ne cesse d'atomiser la conscience de l'héroïne afin d'atteindre l'émiettement de son Moi. Dans cette visée à dominance subjective, les consciences - celle du narrateur et du personnage

---

[1] M. ZERAFFA, *Personne et Personnage, Le romanesque des années 1920 aux années 1950*, op. cit., p. 458.
[2] Ibid., p. 128.

féminin - se relaient entre elles : « Le monologue intérieur est cependant sans cesse fragmenté, parcellaire. (…) un stream est toutefois un univers clos, une parole univoque faisant du personnage un somnambule dont le lecteur attend le réveil. »[1] Dans ce repli et ce chevauchement de la conscience masculine et féminine, nous relevons une opposition entre le personnage-sujet, celui de l'homme, et le personnage-objet celui de la femme. Ces deux catégories sont en constante opposition, dans la mesure où l'un demeure un personnage type, et l'autre un personnage atypique. La première catégorie commente, critique, voit et observe le monde, et la seconde se contente de le représenter, tel un objet. Il s'agit de l'impuissance de l'individu féminin à se concevoir comme un être, au sens profond du terme, comme être de participation et de communication. Finalement, les trois romans éluderont les problèmes touchant à la fois à la conscience de soi de la femme et à la conscience sociale en tant que sujet. En outre, le personnage sujet proche des personnages et du lecteur est continuellement dans la recherche du Moi féminin, qui demeure très reculé à son égard. Dans cette recherche de l'autre, l'homme ne cherche en aucun cas à donner au lecteur la forme de la vie affective de la femme. Il veut toutefois, se situer, se comprendre à travers/par l'existence féminine. En conséquence, il va vers l'identité de son Moi, vers une conscience du Nous, telle qu'elle est construite par exemple dans l'écriture woolfienne : « Les myriades d'impressions, (…) représentent une éthique selon laquelle l'existence humaine authentique réside fondamentalement dans le commentaire psychique des apparences traversées du monde. Le personnage dissocie les cadres, dissout les formes de la vie sociale afin de recouvrer une conscience de soi qui est aussi conscience d'un nous. »[2] En somme, les personnages dans les romans francophones sont continuellement dans la recherche des sens, dans un monde où l'individualisme ferme et fixe se répand sans cesse, créant une dichotomie entre le monde ouvert et fermé, entre la transparence intérieure et l'opacité extérieure et artificielle. Les

---

[1] Ibid., p. 147.
[2] Ibid., p. 158.

romans veulent à travers « *le courant de conscience* » créer un langage cohérent de l'intime, du fond, ou du vrai. Dans cette optique, le personnage apparaît authentique et nu, car le lecteur pourrait savoir tout sur lui et sur son univers et comme le remarque Ignace Meyerson : « Il y a non plus une substance, mais une expérience de la personne. »[1] Il y a également dans nos romans, un refus du tragique et une volonté de défendre la sensibilité de l'individu. L'existence des consciences est un objet essentiel pour les romanciers, qui donnent l'avènement à des romans qui ont pour plan directeur, l'ensemble des myriades d'impressions. Celles-ci caractérisent les œuvres et les personnages francophones, en les dotant d'une certaine recherche de soi. Cette recherche est à la fois dans le texte lui-même et chez le personnage : « Comme Proust ou V. Woolf, ces romanciers tiennent que le roman est fondamentalement recherche. »[2] La femme comme l'homme se fient à cette recherche de soi, en se donnant à la vie intérieure. L'absence de communication directe donne au personnage féminin et masculin une sorte de fuite dans les myriades d'impressions. Ici le romanesque est fondé sur l'existence hasardeuse de consciences, saisies à l'état pur. En ce sens, les romans francophones se déroulent selon une logique subjective : « Le monologue dit intérieur sera le champ clos de cet affrontement du Moi et du monde : le streamer est une onde de choc qui revient au sujet après s'être heurtée à des objets. Métamorphosant des choses en conscience, chaque moment du streamer préfigure cette "âme universelle" que le roman veut recréer contre le devenir inhumain de l'histoire ».[3] Dès l'incipit des romans francophones, l'écriture porte sur le regard immédiat du narrateur-personnage masculin sur les profondeurs de l'héroïne. A travers la technique du monologue intérieur, le héros nous apporte des impressions sur son Moi et celui de la femme. Nous nous retrouvons avec des impressions *in vivo* et *in vitro*. Le lecteur a l'impression d'être dans la

---

[1] I. MEYERSON, *Les Fonctions psychologiques et les œuvres*, Paris, Albin Michel, 1984, p. 192.
[2] M. ZERAFFA, *Personne et Personnage, Le romanesque des années 1920 aux années 1950*, op. cit., p. 445.
[3] Ibid., p. 469.

conscience de l'homme et de surcroît dans la conscience et le subconscient féminin. Le sujet est plongé à la fois dans son monde et dans celui des autres. Le lecteur bénéficie donc d'une double perception. Comme l'explique Nathalie Sarraute, nous assistons dans ce monologue intérieur à une forme de « *tropisme.* » Il s'agit dans les romans francophones d'un discours à deux niveaux, celui de la stratification du soliloque intérieur et du discours social extérieur. En tout état de cause, la technique narrative du monologue intérieur implique systématiquement un changement de construction et de rythme phrastique. Nous constatons une structure hachée, paratactique, qui présente une juxtaposition des éléments de la phrase, souvent sans verbes. Néanmoins, cette présence du personnage-narrateur dans la conscience féminine ne demeure pas anodine, voire gratuite. Le héros étant continuellement isolé du monde objectal de la femme, il essaie à travers cette perception intérieure, d'exister à partir d'une conscience de son Moi plongée dans l'univers intérieur de l'autre, voire de la femme. En conséquence, il donne l'impression au lecteur, qu'il est omniscient, car étant isolé de l'univers féminin, il se rachète en pénétrant dans la profondeur féminine. La technique du monologue intérieur procure au personnage un degré supérieur, il devient un être et maître des mots, afin de combler l'absence matérielle. En ce sens, s'il ne dit pas continûment la femme, il n'existerait pas. Et lorsque le personnage féminin s'approprie le mot et le monologue intérieur, le sujet meurt et disparaît. Le cas est fort présent à la fin des romans algérien et russe. En somme, la femme est le personnage qui fait exister l'homme narrateur, car lorsque l'héroïne disparaît d'elle-même, le sujet s'arrête de parler et donne une fin à son histoire. Ce cas de figure nous le rencontrons dans le roman québécois. En étant construit sur le monologue intérieur, le personnage masculin, tels que les personnages d'Édouard Dujardin dans *Les lauriers sont coupés* (1887) présente en fait une intériorité masculine parlante par opposition à une extériorité muette féminine, cette perception interne se présente sous deux formes : Dans les romans québécois et algérien, cette perception est déjà réorganisée par le sujet, car l'univers du personnage féminin est déjà en partie structuré et hiérarchisé. Contrairement au roman russe, où le lecteur assiste à une conscience interrogeante comme chez James Joyce dans *Ulysse* (1922). Le sujet aborde l'univers intérieur et extérieur de la femme de fragmentations en fragmentations, sur des éléments discontinus, en suspens.

5-1 Disparition de l'héroïne francophone :

L'histoire des romans francophones contemporains serait celle de la disparition du personnage féminin classique, celui du début du XXe siècle. Nous assistons à une similitude flagrante à l'intérieur des œuvres romanesques, elles insistent fortement sur les traits psychologiques de l'héroïne. Le narrateur-personnage s'intéresse d'une façon monomane aux profondeurs psychologiques de la femme : « Voilà une femme, me disais-je, dont je sais tout. Toute sa vie est devant moi...» (F.A. pp. 22-23) « J'interrompis un instant mon expérimentation psychologique. » (F.A. p. 93). La mise en valeur des profondeurs psychologiques des trois personnages féminins, nous renvoie systématiquement aux personnages des écrivains du début du XXe siècle, comme Henry James ou de Marcel Proust[1], dans la mesure où nous constatons chez leurs personnages comme chez les héroïnes francophones, un sentiment de dévoration par la voix/voie intérieure. La mise en exergue de cette dernière produit l'effacement du personnage féminin : « (…) l'ensemble des personnages proustiens (…) est plongé dans le grand monologue du Narrateur qui se remémore leur histoire, leur apparition, leurs passions et les siennes. Une intériorité en juge d'autres, comme un peuple effrayant de tortures sans carapace (le portrait en pied, l'apparence physique qui protégeait les personnages de Balzac a disparu). »[2] Dans l'effacement de l'action, la conscience du personnage devient le principal objet des romanciers francophones. En ce sens, la vie intérieure devient le sujet phare face à l'action passive de l'héroïne. Celle-ci est décrite comme un Moi perdu, méconnaissable, où cohabitent plusieurs Moi successifs. Ces

---

[1.] Cf. M. PROUST, *A La Recherche du temps perdu*, Paris, Gallimard, t. II, 1987.
[2.] J.-Y. TADIE, *Le roman au XXe siècle*, op. cit., p. 40.

Moi sont à la fois partout dans l'histoire et nulle part. Étant fuyant d'un état à un autre, à chaque fois que le lecteur a l'impression de les maîtriser, ils changent de positions et de visions. Cette difficulté d'être de l'héroïne, nous renvoie à un Moi dissous en série de Moi différents. En ce sens, le lecteur n'a droit qu'à une vérité purement subjective, qui fait reculer constamment les causes du mal être du personnage, et qui lui-même n'en sait pas davantage. L'héroïne ne maîtrise en aucun cas ce domaine méconnu et mystérieux : « L'essence s'est perdue dans une intériorité sans fond-l'essence des êtres ».[1] Cependant, dans cette intériorité, la description de la femme demeure de plus en plus négative et complexe. Nous nous retrouvons avec un personnage sans qualités, avec une psychologie, qui procède à des interrogations consécutives. Dans cette intériorité féminine, les romanciers reflètent un univers féminin éclaté, avec un Moi lui-même éclaté. Dans cette intériorité féminine, tout se décompose, se désintègre, dans une histoire dispersée et un personnage éclaté. L'héroïne est dissoute dans le silence et l'incommunicabilité. Et c'est dans cet éclatement, que s'opère la mort de l'héroïne du roman francophone classique. Dans cette psychologie de l'âme du personnage féminin, le monologue intérieur[2] est un outil privilégié. Dans ce monologue, et parfois même un soliloque, nous assistons à un dévoilement des idées et des sentiments de la femme. Des conversations et sous conversations sont étalées, car le monologue intérieur nous : « Apporte des souvenirs et la confusion de sentiments, (…) mais ira ici encore plus loin en montrant comment tout cela se développe par association des attitudes métaphysiques fondamentales et des théorèmes philosophiques. (…) Elles ne sont rien d'autres que la reproduction de l'événement extérieur et du dialogue réel, reproduction monologuée et (…) abstraite ».[3] Ce dévoilement intérieur se fait dans le discours de l'angoisse, l'anxiété et de l'obsession vis-à-vis de l'héroïne, il s'agit d'un discours de l'inconscient. A ce propos dans une conférence sur James

---

[1] Ibid., p. 42.
[2] Cf. J. PARIS, *James Joyce par lui-même*, Paris, Seuil, 1957, p. 127.
[3] J.-Y. TADIE, *Le roman au XXe siècle*, op. cit., p. 54.

Joyce, Valery Larbaud affirme : « Exprimer avec force et rapidité les pensées les plus intimes, les plus spontanées, celles qui paraissent se former à l'insu de la conscience et qui semblent être antérieures au discours organisé (...) atteindre si profondément dans le Moi le jaillissement de la pensée».[1] Dans cette descente dans le Moi et en allant dans les profondeurs de l'inconscient du ça[2], l'héroïne vole en éclats, en miettes. Le lecteur est amené à vivre l'expérience féminine, voir l'univers féminin de l'intérieur. Mais cet intérieur est d'emblée en décomposition totale. Cette écriture de la décomposition du Moi s'approche beaucoup plus du roman français des années trente, comme *La Nausée* (1938) de Jean-Paul Sartre, dans lequel existe un personnage solitaire et névrosé dans une existence négative : « A présent, quant je dis "Je", ça me semble creux. Je n'arrive plus très bien à me sentir, tellement je suis oublié. Tout ce qui reste du réel, en moi, c'est de l'existence qui se sent exister. Je bâille doucement, longuement. Pour personne, Antoine Roquentin n'existe. »[3] La désagrégation du Moi de l'héroïne, fait voler en éclats l'image traditionnelle de l'héroïne francophone. Cette nouvelle image va à l'encontre des précédentes, dans la mesure où elle évoque une héroïne instable, dévorée et détruite par son intériorité. Car l'enveloppe extérieure chez Mamie, Farida et Véra compte peu. En fait, l'individualité des personnages féminins est remise en question. En outre, afin de mieux cerner l'univers de la femme, les romanciers francophones écartent toute action du personnage, car en privant le lecteur de la présence actantielle, ils l'incitent à se focaliser plus sur les profondeurs psychologiques de la femme. Cette absence actantielle détruit toute enveloppe individuelle. Mamie, Farida et Véra deviennent des personnages génériques ; n'importe quel personnage peut les remplacer. En conséquence, elles deviennent l'ombre d'elles-mêmes. C'est à contre cœur, que les romanciers leur accordent un aspect physique, gestes, sensations, sentiments courants. Mais même,

---

[1.] Ibid., p. 45.
[2.] Cf. W.-G. GRODDECK, *Le Chercheur d'âmes* (traduction française), Paris, Gallimard, 1982.
[3.] J.-P. SARTRE, *La Nausée*, Paris, Gallimard, 1938, p. 50 et sq.

avec ce peu d'intérêt, elles ne demeurent pas repérables. En 1950, Nathalie Sarraute décrivait cette dichotomie entre le personnage traditionnel et le nouveau personnage : « Elle décrète que les personnages de Balzac et de Flaubert, les héros de romans d'analyse sont bien morts. Restent d'une part, les livres où règne le "Je tout-puissant". (…) Le récit à la première personne survit, parce qu'il cherche à découvrir des "états complexes et tenues" ».[1]

[1.] Cité d'après J.-Y. TADIE, *Le Roman au XXe siècle*, op. cit., p. 54.

6- Le « Je » féminin :

Après avoir été une simple description physique et psychologique et un simple objet de l'action du héros, le personnage féminin arrive à se positionner dans l'unité des actions. Au début des trois romans francophones, le personnage masculin, voire le héros, assume et maîtrise pleinement sa fonction d'agent, dans laquelle, il assurait l'action, il est donc sujet de cette action. Toutefois, un renversement de rôle s'instaure, dans lequel nous constatons la transposition du statut du personnage féminin, qui passe du statut de l'objet de l'action au statut du sujet de l'action. Mamie, Farida et Véra ne participent en aucun cas à l'action, elles se laissent dire et raconter par un héros omniscient. Néanmoins, nous constatons notamment chez Farida et Véra une transformation importante, par laquelle elles acquièrent le statut de participant. Cette modification se répand plus particulièrement vers la phase finale des deux romans. Les deux héroïnes arrivent enfin à arracher l'action au personnage agent, par le biais de la parole. Elles se procurent également l'action et deviennent par conséquent l'agent de leur propre histoire. Mais manifestement, cette transposition de statut de personnage féminin n'est point relevée dans le roman québécois. Mamie occupe tout au long du roman *Va savoir*, le même statut, celui de l'objet de l'action. Le héros ne cède en aucun cas à son rôle de sujet. Dans ce cas de figure, nous ne pouvons parler de transformation, et d'affirmation, et cela est peut-être dû à la non rencontre des héros entre eux. Mamie étant dans l'aventure et Rémi au village de La Petite Pologne, ils ne se sont en aucun cas réunis. Par ailleurs, cette phase de transposition nous incite à nous interroger sur le rapport du personnage féminin-agent au sein de l'unité des personnages. Il est évident, que le statut du héros-agent prime sur l'ensemble des récits. Le sujet masculin occupe le premier rôle, en régissant et en organisant les éléments des récits. Mais son omniprésence privilégie, dans certains cas une autre classe d'acteurs, car à force de trop raconter la femme, cette dernière prend la position du sujet, occupe le premier rôle, et devient par conséquent l'agent de sa propre histoire en s'affirmant à la première personne. Cet état de fait, nous incite à nous interroger sur cette transposition du personnage à la fois objet et sujet. Comment le personnage féminin arrive-t-elle à s'affirmer ? D'emblée, nous relevons une différence flagrante entre la quête du héros et celle du personnage féminin. Dans les trois romans se présente une double quête, celle du personnage masculin, que nous avons abordé précédemment[1] et celle du personnage féminin qui demeure implicite au sein du récit. Dans *Va savoir*, Mamie se lance dans la quête de l'aventure, à la recherche du salut de soi. Cette quête demeure à l'encontre de celle du héros, car si Rémi désire le retour de sa bien-aimée, celle-ci désire l'éloignement à son égard. Les deux quêtes ne se rejoignent en aucun cas. Dans *Agave*, Farida désire être émancipée et indépendante, elle est obnubilée par sa supériorité féminine, tandis que Lui désire gagner son amour, en la rendant moins automate et plus sensible au sentiment affectif. Dans *La Femme qui attendait*, la quête de Véra réside dans la recherche de l'amour, alors que le jeune journaliste désire révéler la vie secrète de Véra. En tout état de cause, le désir des héroïnes est fort attesté, il n'en demeure pas moins qu'il reste implicite et sous-entendu. Pour la réalisation de cette quête, elles recourent dans la majorité des cas à la confidence. Mamie et Farida communiquent leur quête à un personnage secondaire de l'action. Mamie se confie auprès de sa compagne Raïa. Ce personnage est considéré comme le premier allié de l'héroïne, en revanche, il est le premier opposant de l'action du héros. Dans le roman algérien, Farida se confie auprès de Aïcha la conteuse, celle-ci est perçue comme l'alliée et la confidente des deux parties, c'est-à-dire Lui et Farida. Enfin dans le roman russe, Véra n'emprunte en aucun cas la voie de la confidence, elle ne communique pas son désir, qui reste tout au long du roman un secret. Cette dissemblance dans la transposition du désir donne en conséquence des résultats différents. Dans *Va savoir*, l'allié de Mamie est l'opposant de Rémi. Raïa aide l'héroïne à se lancer dans l'aventure et à parcourir le monde. Cette aide prend une tournure négative, dans la mesure où elle amène à la disparition de Mamie et par conséquent à l'échec de la quête du personnage féminin et masculin. Néanmoins, dans

---

[1.] Voir supra., le schéma actantiel des trois romans francophones p. 92.

Agave, l'allié du héros est partagé par l'héroïne. Aïcha aide Farida à la réalisation de sa quête, non pas au détriment de Lui, mais à la faveur du couple. Par ailleurs, dans ce faisceau de rapport entre les personnages, existent des actes d'opposition empêchant la réalisation de l'action de l'héroïne. Dans le roman québécois, Mamie aboutit aisément à la concrétisation de sa quête. Le héros n'interpose et ne s'oppose aucunement, il demeure passif tout au long des deux quêtes. Contrairement à ce dernier, le héros dans le roman algérien empêche ardemment l'action de Farida. Lui utilise tous les moyens, tels que la tromperie ou l'intimidation afin de contraindre l'héroïne à abandonner sa quête. Quant au roman russe, l'opposition à la quête de l'héroïne se manifeste par l'abandon du héros. Car lorsque Véra exprime ses sentiments amoureux à son égard, le héros abandonne à la fois le personnage et sa propre quête et empêche en conséquence la réalisation de l'action de l'héroïne. Somme toute, l'action des héroïnes demeure distincte d'un roman à un autre. Nous relevons de prime abord la présence de l'action active de Mamie vis-à-vis d'un héros passif. Mais manifestement ce cas de figure demeure un cas singulier, car dans les romans algérien et russe, la situation se présente différemment. Farida et Véra se présentent tout au long des récits à travers des actions passives et cela est dû à la forte activité des actions du héros. Toutefois, vers la fin de l'histoire, elles s'affirment et sont actives, ce qui leur permet de passer du statut d'objet à celui de sujet de l'action. Cette affirmation féminine d'ordre actantiel est fondée beaucoup plus sur l'action que sur le résultat de celle-ci. Cette situation permet un retournement au sein du récit, car si, autrefois, le personnage masculin était agent de l'action, il est désormais l'objet de l'action et, en conséquence, l'héroïne passe du statut de l'objet à celui de l'agent de l'action. Mais décidemment, ce renversement de l'action au profit de l'héroïne demeure très succinct et ne perdure pas longtemps au sein des récits. Et lorsqu'elle prend la parole, notamment vers la fin du roman algérien et russe, elle utilise un « Je » renvoyant à un « On », impliquant implicitement l'homme. En effet, il s'agit dans ce cas de figure de l'avènement du groupe comme sujet du roman francophone, où nous assistons à une collectivation des personnages. Nous ne pouvons aborder et concevoir le sujet de la femme qu'en passant par l'homme et vice versa. Le détachement du couple femme/homme reste une tâche difficilement réalisable. Mais dans cette collectivation existe une dépersonnalisation de la femme et comme l'avance Jean-Yves Tadiè : « Si le groupe est le héros, l'individu n'existe pas ».[1] Et lorsque la femme prend la parole, elle procède par ellipses, elle attend la fin du roman pour donner un flash-back de sa vie. Jules Renard écrit : « Seuls l'ellipse, le silence, le refus de conter peuvent exprimer adéquatement ce qui est la perte de réalité, l'absence de soi, la dimension devant l'existence. »[2] Marcel Proust appelle cette vision de personnage *« une vision cinématographique des choses »*, dans laquelle le lecteur a l'impression que la vie de Mamie, Farida et Véra, est déjà enregistrée comme dans un documentaire, où l'observateur comme le commentateur, un homme en général reste insignifiant, anonyme auprès du lecteur. Cet œil observateur cherche à nous donner l'impression que l'histoire se passe sans lui, il tente d'effacer son implication dans l'histoire racontée et dans le personnage analysé. Dans la prise de la parole de l'homme, il y a délibérément dépersonnalisation de la femme, dans la mesure où elle est racontée à travers une image déjà faite sur elle. En procédant à la *« dépersonnalisation objective »*, la femme devient un objet vide de sens. Michel Zeraffa souligne dans *Personne et Personnage* : « Cet univers n'a rien d'historique : point de progrès ni de régressions. La notion de décevoir semble être écrasée entre l'instant et l'éternité. Le monde absurde, enfin, n'est pas médiatisé. L'individu sent disparaître sa personnalité, tandis qu'autrui ne lui offre ni place, ni rôle. »[3] Les héroïnes luttent tant bien que mal contre cette absence de l'être. Mais plus, elles veulent et tentent d'exister, et plus elles prennent conscience de leur non-être et de leur non-sens ; elles reviennent toujours à leur insu à leur point de départ. Le personnage de Samuel Beckett dans

---

[1] J.-Y. TADIE, *Le Roman au XXe siècle*, op. cit., p. 61.
[2] Ibid., p. 58 et sq.
[3] M. ZERRAFA, *Personne et Personnage, Le romanesque des années 1920 aux années 1950*, op. cit., p. 388.

L'Innommable (1953) souligne à ce propos : « Il faut dire des mots tant qu'il y en a, il faut les dire, jusqu'à ce qu'ils me trouvent. »[1] Car, en prenant la parole, le personnage maîtrise son être, et la femme pourrait arriver à se donner une existence. Mais ce court instant n'est pas négligeable. Farida et Véra passent d'un univers subjectif subi à l'affirmation de soi, et deviennent en conséquence des femmes apparentes. Elles cessent de négliger leur existence et cessent également de croire à une simple essence psychologique et physique. Elles entrent délibérément dans la fonction d'agir, de participer à l'être responsable de soi. En somme, elles se définissent enfin par leur propre comportement et leur propre conduite, non celle qui leur a été octroyée par l'homme. Cette affirmation de l'essence féminine implique une perte de toute essence physique et psychologique de la femme. Car lorsqu'elle prend la parole, elle écarte toute caractérisation afin de dire son essence en tant que personne. Nous assistons donc à l'abandon du regard masculin introspectif et observateur au profit des manifestations visibles de l'héroïne. Nous passons de l'immuable, du fixe au vivant. Ce cas de figure nous rappelle les personnages chez André Malraux ou Georges Bernanos, qui s'affirment par la parole et en conséquence par l'action. Les héroïnes francophones abandonnent les profondeurs psychologiques, qui l'ont longuement enfermé dans l'anatomisme paralysant de son Ego et se donnent en conséquence à l'action. Comme l'écrit Vincent Berger dans *Les noyers de l'Altenburg* (1943) : « Ce n'est pas à gratter sans fin l'individu qu'on finit par rencontrer l'homme. »[2] Farida et Véra choisissent le côté synthétique et l'action, au détriment d'une analyse critique. Elles décident de dire les choses directement plutôt que de les observer : « L'individu est-ce qu'il décide, paraît et accomplit. Il n'est pas le labyrinthe de ses tendances, ni de ses méditations ».[3]

En étant longuement une simple apparence, elles subissaient l'effacement de l'historicité de la personne, et leur être restait

---

[1.] S. BECKETT, *L'Innommable*, Paris, Minuit, 1952, p. 261.
[2.] Cité d'après M. ZERAFFA, *Personne et Personnage, Le romanesque des années 1920 aux années 1950*, op. cit., p. 408.
[3.] Ibid., p. 407 et sq.

dissous. Cependant, en abandonnant progressivement ces profondeurs psychologiques, Farida et Véra en particulier, reprennent en main leur personnalité, et sont décidées dans le temps et l'espace, au lieu d'être définies dans la durée. Les deux héroïnes francophones existent désormais en dépit de leur passé. En revanche, concernant Mamie, le lecteur éprouve un réel soupçon à l'égard de l'être du personnage. Car le lecteur est continuellement voué à se fier au seul signe d'un personnage féminin interchangeable et instable. Le soupçon du lecteur réside dans l'essence innommable de l'héroïne. A cette dépersonnalisation s'ajoute une réelle passivité, produisant un non-sens perpétuel. Contrairement aux héroïnes des romans algérien et russe, Mamie ne se remet jamais de son non-être et de son non-sens, elle demeure tout au long du roman soumise aux dires de l'homme, qui reste toujours sûr de ce qu'il observe et fait. En l'occurrence, dans *Agave* et *La Femme qui attendait*, le personnage masculin s'abstient de voir la femme, car la réalité de cette dernière lui apparaît à un moment donné incertaine. Et c'est à ce moment là où les deux héroïnes lui arrachent à la fois la parole et l'action afin d'exister en tant que telles. Jacques Rivière souligne en 1922 : « Il y a pour un romancier deux manières bien différentes de mettre en œuvres l'idée d'un personnage : ou il peut insister sur sa complexité, ou il peut souligner sa cohérence. »[1] Cette affirmation actantielle passe de prime abord par la parole. Le personnage masculin dans les trois romans francophones n'est pas le seul à dire « Je ». Le narrateur présente un personnage féminin responsable de l'énonciation, en tant que locutrice. Cette énonciation s'introduit avec un discours direct, qui procure aisément au personnage féminin l'introduction dans l'énonciation du sujet parlant masculin. Car étant longuement soumise aux dires du personnage masculin, Farida et Véra s'échappent de l'énonciation du maître-locuteur pour s'affirmer en tant que « Je. » Elles passent du statut de non-personne à celui du locuteur. Le phénomène d'enchâssement du discours féminin à l'intérieur du discours masculin est très répandu dans le roman algérien et russe. Le personnage féminin - Farida et Véra - étant

---

[1] Ibid., p. 458.

les locutrices, elles assument leurs propres énonciations en racontant les faits et les événements de leurs propres histoires et cela se fait d'une manière très autonome. Cependant, l'énonciation dans le roman québécois demeure très complexe. Mamie ne prend en aucun cas la parole en tant que locutrice, ce fait est du probablement à l'utilisation du genre épistolaire, très répondu dans l'écriture féminine québécoise.[1] Ici le « Je » féminin ne se manifeste qu'à travers la lettre, en dehors de celle-ci, Mamie n'a aucune existence. Rémi est donc le seul maître de l'énonciation, en nous donnant l'impression que le personnage féminin assume son énonciation. Certes ce discours est le propre de Mamie, mais il met, en dépit de sa présence discursive, l'héroïne dans la non-présence et dans l'absence énonciative, dans la mesure où, elle ne sera jamais une locutrice directe de sa propre histoire. L'énonciation féminine dans *Va savoir* est secondaire par rapport à celle du sujet parlant masculin, qui joue le rôle principal. L'énonciation de Rémi a comme fonction de prendre en charge les propos de Mamie, afin de les rapporter au lecteur. Il n'existe point de lien direct dans cette énonciation émise par truchement. En somme, Farida et Véra demeurent des personnages modificateurs. Néanmoins, le personnage féminin québécois reste conservateur du rôle actantiel, qui lui a été octroyé. Aucun reversement n'est effectué, il s'agit d'un personnage passif dans l'ordre des actions. Dans ce renversement de rôle, il y a également un renversement dans la parole, car à présent l'héroïne dit « Je ». Cet embrayeur demeure fort différent de celui du héros. Nous relevons une distinction primordiale entre la parole du personnage masculin et celle du personnage féminin. Lorsque cette dernière prend la parole à la première personne du singulier, elle énonce un discours sans médiation, sous forme de monologue ou de dialogue au style direct. La parole est rapportée telle quelle, elle relève du mode du « *montrer* », et favorise l'extériorisation de la parole intériorisée. Ce discours extérieur est prononcé, il se veut immédiat, car ici le lecteur est directement en contact avec la parole féminine, sans aucun intermédiaire. Cette parole demeure explicite, constituée par des

---

[1] Voir supra., p. 39.

évaluations et des jugements internes et externes. Alors que le personnage masculin émettait un discours au mode du « *raconter* », il utilisait une parole narrativisée, ce qui concentre le discours en style indirect ou en style indirect libre, produisant une distance entre le locuteur, le lecteur et le discours. Il s'agit d'un discours intérieur non prononcé. Finalement, à travers cette transmutation de la parole, nous passons d'une vision monoscopique à une vision polyscopique, avec donc, une pluralité des points de vue. Mais en dépit de cette prise de parole féminine, nous distinguons à l'intérieur des trois œuvres littéraires, deux instances d'énonciations. Selon la terminologie de Oswald Ducrot[1], nous relevons de prime abord *« le locuteur en tant que tel »* désigné à travers le personnage masculin. Rémi, Lui et le jeune journaliste assument pleinement leur activité énonciative, ils sont les maîtres de l'énonciation. Toutefois, à cette première catégorie s'oppose *« le locuteur en tant qu'être du monde »*, car ce dernier présente une énonciation non assumée, souvent secondaire par rapport à la première. Cette deuxième catégorie demeure propre au personnage féminin. En revanche, pour que le locuteur proprement dit prenne place dans l'énonciation, il recourt à des voies énonciatives diverses et cela pour asseoir son autorité, son point de vue et notamment afin de persuader le lecteur de sa fiabilité. Rémi, Lui et le jeune journaliste utilisent selon la terminologie d'Aristote dans *la Rhétorique*, *« l'éthos »* : « On persuade par le caractère, quand le discours est de nature à rendre l'orateur digne de foi ; car les honnêtes gens nous inspirent confiance plus grande et plus prompte sur toutes les questions en général. »[2] En ce sens, les maîtres locuteurs des trois romans francophones insistent sur des traits de caractère en employant un discours qui sert à leur fin. A l'intérieur de cette énonciation, ils introduisent une image positive au profit de leur propre énonciation et au détriment d'une image négative, voire péjorative de la représentation féminine. Étant les maîtres de

---

[1] Cf. O. DUCROT, *Le Dire et le dit*, chapitre VIII, « Esquisse d'une théorie polyphonique de l'énonciation », Paris, Minuit, 1984.
[2] L. ARISTOTE, *Rhétorique*, 1356 a. Cité d'après D. MAINGUENAU, *Élément de linguistique pour le texte littéraire*, op. cit., p. 81.

l'énonciation, ils imprègnent un *éthos*, voire un caractère servant leur discours. En conséquence, ils se mettent en valeur, tout en dévalorisant l'autre. Cette énonciation est fondée sur l'auto-critique au profit du maître locuteur. Rémi, Lui et le jeune journaliste ne cessent de s'octroyer l'image de la sincérité, la fidélité et la bienveillance au détriment d'un personnage féminin supposé fermé, hypocrite et vicieux. Ce fait nous incite à rejoindre Philippe Hamon dans *Introduction à l'analyse du descriptif*, qui met en évidence ce type de sujet parlant, manipulant le discours à son profit : « (…) est un personnage plutôt masculin, plutôt truculent, (…) et bavard. »[1] Mais en racontant l'histoire, ce personnage locuteur-sujet prend une dimension référentielle. Rémi, Lui et le jeune journaliste ne font que se référer à des objets et des personnages, sans dire pour autant les choses dans leur essence propre. Afin de rapporter des faits, ils utilisent l'embrayeur « Je », mais ce dernier ne fait pas coïncider l'objet au sujet de l'énonciation. Il existe une rupture entre le sujet et l'objet de l'énonciation, dans la mesure où le personnage se réfère à un simple « Je », voire à une non-personne. En revanche, lorsque la locutrice prend la parole, l'énonciation prend une dimension modale, car elle ne s'arrête pas à l'objet, elle va à l'essence même de l'objet et des personnages, tout en indiquant la relation qu'entretient le personnage avec l'objet. En étant sujets de l'énonciation, Farida et Véra donnent à ce « Je » référentiel une dimension modale. Dans ce « Je » féminin, il y a l'implication et l'engagement du sujet parlant, en tant qu'individu de la parole et non en tant que locuteur de l'énonciation.

[1.] P. HAMON, *Introduction à l'analyse du descriptif*, op. cit., p. 41.

7- Figure du héros masculin :

Dans les trois romans le personnage masculin ressemble au personnage du Jaloux d'Alain Robbe-Grillet dans *Les Gommes* (1953), il est l'œil qui constate, observe et reste attentif au monde qui l'entoure. En revanche, il reste dans les trois romans anonyme, il n'est point caractérisé, il est dans la majorité des cas présenté par des pronoms personnels, des désignateurs neutres et vides : « Le personnage dépouillé de toutes ses prérogatives, de son caractère réduit à n'être qu'un simple trompe-l'œil, une survivance, un support de hasard. Ce personnage anonyme est souvent confondu dans un groupe que désignent de simples pronoms pluriels. »[1] Nous assistons donc à un effacement de toutes caractéristiques physiques et psychologiques du personnage masculin. Dans la majorité des cas, l'homme est désigné par un simple pronom personnel « Il » ou « Lui. » La notion de personne apparaît dans l'absence de formes et de signes particuliers. Maintenu constamment dans l'incertitude sur le plan biographique, typologique et psychologique, le lecteur s'interroge continuellement sur l'être de ce personnage à peine individualisé. Dans les trois romans francophones, l'écrivain met en relief cette absence de la personne humaine, qui est réduite aux plus petits détails. Le héros dans *Va savoir* possède bel et bien un dénominatif « Emi », mais ce dernier est utilisé d'une façon sporadique et avec beaucoup plus de précautions, contrairement au héros dans *Agave* et *La Femme qui attendait*, où nous assistons tels que les narrateurs-personnages proustiens à une absence complète de dénomination : « Nous ne le voyons plus que nous ne nous voyons nous-mêmes (sans miroir). Qu'au long des trois mille pages du roman, personne n'appelle par son nom, ni son prénom […]. Mais si ce fantôme sans nom est nous-mêmes, nous non plus ne nous appelons pas par notre nom. »[2] En conséquence, la présence du « Il » comme désignateur du

---

[1] N. SARRAUTE, « Ce que je cherche à faire », in *Nouveau roman, hier, aujourd'hui*, (Colloque de Cerisy), Paris, UGE, coll. « 10/18 », t. II, 1972, p. 26.
[2] J.-Y. TADIE, *Le roman au XXe siècle*, op. cit., p. 63.

personnage sert à nous fournir un contenant de parole. Cette abondance de la parole chez le personnage masculin le dissout, car plus la parole est abondante et plus le personnage masculin se délite, se dilue et disparaît. Dans ce langage proliféré, le personnage se réduit de plus en plus. L'intériorité parlante du personnage est anéantie par des mots jugés corrosifs. Ces mots vident l'être, qui se délite dans le discours incessant. Et la seule solution est de poursuivre encore la frénésie de la parole, il s'agit d'une frénésie scripturaire, pour pouvoir maintenir un simulacre de présence, comme dans le cas des personnages beckettiens : « Il faut continuer, (…) il faut dire des mots, (…) il faut les dire, jusqu'à ce qu'ils me trouvent, jusqu'à ce qu'ils me disent, (…) il faut continuer, c'est peut-être déjà fait, (…) ils m'ont peut-être porté jusqu'au seuil de mon histoire, devant la porte qui s'ouvre sur mon histoire, ça va être le silence, là où je suis, je ne sais pas, je ne le saurai jamais, dans le silence on ne sait pas, il faut continuer, je vais continuer. »[1] Dans cet anonymat l'accent est mis beaucoup plus sur ce qui est dit, et non pas sur celui qui le dit. Le héros prétend effacer son sujet parlant en émettant l'histoire de la femme. L'importance est beaucoup plus cadrée sur la parole, voire le verbe, que le sujet qui le prononce. Voilà pourquoi, le héros des trois romans n'est que l'ombre de lui-même. Cet anonymat lui sert donc à se dépersonnaliser, à se désindividualiser et à se déréaliser face au sujet étudié, soit la femme. Car ce narrateur-personnage émet tout au long des romans un discours partial. C'est à travers lui que nous voyons et nous entendons la femme, il est installé dans les profondeurs intimes de ses pensées. Nous percevons à travers lui, et pour donner l'impression qu'il est distant, il tente à travers cet anonymat de nous faire croire qu'il est absent physiquement, moralement et psychologiquement dans l'histoire et que cette dernière se déroule sans lui. Combien même ce héros a raconté la femme, combien de *« elle pensait, elle sentait, elle croyait sentir »*, combien même il a construit le monde de la pensée de la femme à sa façon, car le héros prétend connaître la femme en soi et à partir de soi. Tels que les personnages d'Henry James, Marcel Proust, ou Nathalie

---

[1.] S. BEKETT, *L'Innommable*, op. cit., p. 261 et sq.

Sarraute, le héros se cache afin de raconter l'histoire de la femme. Et lorsqu'il perd ce don de raconter et de percevoir, il meurt et se détruit dans l'absence de la perception de soi et des autres. Nous constatons vers la fin d'*Agave* et de *La Femme qui attendait*, la reprise de parole féminine et le héros devient alors inexistant, sans aucune fonction, et cela le mène par conséquent soit à la destruction de soi comme dans le roman russe, soit à l'acceptation de la parole féminine, soit à l'acceptation d'un statut parlant secondaire par rapport à la femme, comme dans le roman algérien. Cet anonymat procure également au personnage l'absence et la perte de soi, car souvent, le héros ne sait pas qui, il est, s'agit-il d'un « Je » ou d'un « Il. » Étant perdu, il simule quelque fois la folie, comme le héros québécois Rémi ou le héros algérien Lui. Ces deux héros sont constamment dans un jeu entre le « Je » et le « Il » et ne savent à qui dire Moi. Ils vivent dans l'existence de par la parole émise et dans l'absence de par l'anonymat qui les dépersonnalise. L'issue de ces personnages demeure par conséquent la folie, et comme l'écrit Luigi Pirandello : « Il simule alors la folie, retournant sans cesse à son intuition centrale : "A qui dire moi ?" que servait de dire "moi", puisque pour autrui ce mot avait un sens et une valeur qui ne seraient jamais les miens, et puisque pour moi, ainsi isolé des autres, le fait de donner à ces mots un sens et une valeur suffisait pour me précipiter aussitôt dans l'horreur sans fond de cette solitude. »[1] Dans la majorité des cas, ce pronom personnel devient chez le héros un « Il » entre parenthèse, un « Il » qui peut se lire, mais qui ne peut guère se dire, il s'agit d'un « Il » en parfaite symbiose avec l'écriture. Il s'agit selon la terminologie de Jean-Philippe Miraux d'une « *dé-scription.* » En conséquence, ce « Il » ne s'arrête pas à un symbole, mais occupe beaucoup plus une présence scripturaire. Ici le « Il » masculin n'a pas un passé ou un avenir propre, il est une non- présence dans une écriture tentant continuellement de s'interroger sur le mystère de la représentation. Nous avons affaire à un personnage masculin vide, errant, absent dans sa présence, du type de celui que

---

[1] L. PIRANDELLO, *Un, personne et cent mille*, (traduction française), Paris, Gallimard, coll. L'imaginaire, 1930, p. 173.

Maurice Blanchot décrivait dans *L'Attente, l'oubli* (1962) : « Il cherche, tournant et retournant avec, au centre, cette parole, et sachant que trouver, c'est seulement chercher encore par le rapport de centre, qui est l'introuvable. Le centre permet de trouver et de tourner, mais ne se trouve pas. (…) Tournant autour de sa présence qu'il ne pouvait rencontrer qu'en ce détour. »[1] Dans les trois romans, la similitude des personnages masculins est frappante. Ils se livrent dans une structure romanesque étrangement identique. Les héros rencontrent une femme, racontent leurs histoires à travers un regard intérieur et nous dévoilent en conséquence leur moi profond. A lire successivement les trois récits, nous avons l'impression de voir un même héros, mais dans un espace et une durée différents. En outre, pour acquérir une bonne intégrité, il se dissimule derrière le narrateur. Cette technique d'écriture nous renvoie à Henry James[2] dans ses nouvelles *La Bête dans la jungle* (1903). Elle permet au personnage de raconter l'autre sans se dévoiler et se livrer au lecteur, et nous donne l'impression que l'histoire se fait elle-même. Masquée par le rôle de narrateur, elle permet un regard profond sur le personnage féminin. Mais cette technique de dissimulation nous révèle aussi la solitude du personnage masculin. Car en racontant le personnage féminin, il renvoie inconsciemment à sa quête de soi. Étant isolé, perdu et marginalisé par l'univers de la femme, il n'acquiert aucune place importante. En ce sens, il nous raconte l'histoire de la femme - épouse ou compagne - afin de raconter en parallèle sa propre histoire, à l'intérieur de laquelle, il se décrit comme victime et relégué au second plan. Cette méthode est la seule qui lui permet d'exister dans l'histoire. Sans cette visée, le héros n'existe pas. Dans la confidence involontaire du personnage masculin auprès du lecteur et l'échange entretenu avec la femme, ce « Il » ne peut se concevoir que dans l'abolition et l'écrasement de soi par un personnage féminin distant et parfois jugé pervers et hypocrite. Cette technique lui

---

[1.] M. BLANCHOT, *L'Attente, l'oubli*, Paris, Gallimard, 1962, p. 132.
[2.] Cf. H. JAMES, *L'Art de la fiction*, Paris, Klincksieck, 1978, voir le chapitre de Diane de Marguerie « Henry James et le personnage de l'Imposteur », p. 256.

permet d'acquérir une intégrité apparente, à la fois dans l'histoire racontée et vis-à-vis du lecteur.

8- L'ère du soupçon dans la représentation féminine francophone :

Mamie, Farida et Véra sont décrites dans les trois œuvres littéraires comme sceptiques, désespérées et désespérantes. Cette souffrance de l'Ego féminin, se traduit par la déperdition du sens de l'amour, les héroïnes ont perdu le sens et la faculté d'aimer. En ce sens, tout tourne au tour de la notion et de la conception de l'Amour. Tous les personnages se construisent ou se détruisent autour de ce sentiment. Compte tenu de cette carence sentimentale chez l'héroïne, la femme s'isole en conséquence dans l'incommunicabilité vis-à-vis de l'autre. Cet état de fait provoque une communication fondée sur les sous-conversations. Le rôle de la femme se restreint à sous-tendre une activité de constat. Nous relevons un réel écart entre le perceptif et l'affectif, entre l'observation de l'univers concret de la femme et ses vrais sentiments, entre l'être et le paraître. Ces deux axes ne se combinent nullement, dans la mesure où il y a une absence de relation cohérente entre le Moi de l'héroïne et le regard du narrateur-personnage. Les romanciers francophones illustrent bel et bien cette conception de séparation entre la femme et son Ego, entre la femme et l'homme, entre la femme et le monde et de surcroît entre l'image de la femme et le lecteur. Cette conception de séparation isole l'héroïne du monde et d'autrui. La notion d'intégration du personnage est réellement absent, car il y a une différence dans la communion et dans la communication entre femme, homme, et en conséquence entre les personnages et le lecteur. Et ce principe de séparation incite souvent l'héroïne à se réfugier dans la solitude et l'isolement. Tel que le personnage du *Voyeur* (1955) chez Alain Robbe-Grillet, l'individu féminin est radicalement seul, car tout lui échappe dans cet univers, sa parole, sa représentation, son image et donc son histoire. Cet état de solitude de Mamie, Farida et Véra est incontestable. Dans cette démission de la femme, il y a également un abandon de la perception des choses, qui est léguée au narrateur-personnage observateur. Le lecteur assiste à un espace féminin sous-jacent dans un univers sans tenants et sans aboutissants, constitué par de simples paroles et signes dont le personnage féminin ne nous restitue que l'écho : « La dimension fondamentale du romanesque n'est plus diachronique. L'histoire ne fait plus l'homme, mais sa situation, sa place dans un lieu, sur un plan, à un niveau déterminé. »[1] Le lecteur se trouve face à une ère de soupçon, à la fois vis-à-vis de l'héroïne, de sa représentation et du narrateur-personnage. Le lecteur assiste malgré lui, à une réduction de l'existence et des mouvements humains, dans un espace déjà fini. Dans cette nouvelle métamorphose du romanesque féminin, nous relevons une disparition lente de l'humanisme et de l'individualité féminins. Il y a une réelle absence d'espoir, une radicale impossibilité de salut, voire une dépersonnalisation sans appel. L'univers féminin, semi-anonyme, semi-impersonnel est désigné du dehors, il n'est guère focalisé en son être, en son histoire. La vie affective de l'héroïne est construite par une extériorisation limitée, qui se restreint à la chosification du personnage. En conséquence, le personnage-objet remplace largement le personnage-sujet. Les romanciers francophones tentent comme Saul Bellow de mettre en exergue cette objectivation du personnage : « L'attitude de S. Bellow nous rappelle celle de Cayrol : l'humain réside désormais dans les failles du monde réifié et dont il appartient au romancier de révéler l'existence incertaine. »[2] Le regard de la femme demeure désabusé et blasé de toute imagination. La thématique de la discontinuité des regards a pris la place de la communication virtuelle des consciences. Ce qui était autrefois action du personnage féminin devient désormais impression. L'héroïne francophone perd sa qualité de sujet au profit d'un univers chosifié et photographié par un narrateur-personnage. Les personnages féminins et masculins doutent tous de la vérité du monde qui les entoure et de surcroît, le lecteur doute également de cette représentation, qui manque de vérité, voire de fiabilité. Avec l'ère de soupçon commence l'ère du constat du personnage. Les romanciers veulent cerner au plus près l'absence du sens des choses et des êtres, en nous racontant l'histoire du personnage féminin. L'histoire de cette dernière

---

[1] Cité d'après M. ZERAFFA, *Personne et Personnage, Le romanesque des années 1920 aux années 1950*, op. cit., p. 451.
[2] Ibid., p. 453

demeure partielle. En conséquence, la représentation dans les trois œuvres francophones reste en somme relative, car le personnage féminin se présente comme peu fiable aux yeux du lecteur. Ce dernier se méfie constamment de la représentation, qui lui a été livrée par le narrateur-personnage. Ce manque de confiance donne au lecteur un sentiment de soupçon et de méfiance auprès des personnages de l'histoire. Cette notion de soupçon met en jeu les rapports entre le personnage, le lecteur, l'auteur et le roman. Dans cette destruction de la conception du personnage féminin, il y a une destruction du rapport triptyque entre l'héroïne, le lecteur et le romancier. Cette optique nous incite à rejoindre la vision du personnage tel qu'il est présenté chez Nathalie Sarraute dans *L'Ère du soupçon* (1956) où le sentiment de méfiance du lecteur vis-à-vis du personnage reste continuelle : « Non seulement ils se méfient du personnage du roman, mais à travers lui, ils se méfient l'un de l'autre. Il était le terrain d'entente, la base, il devient le lieu de méfiance réciproque. Quand on examine sa situation actuelle, on est tenté de dire qu'elle illustre à merveille le mot de Stendhal : "le génie du soupçon est venu au monde". Nous sommes entrés dans l'ère du soupçon. »[1] En ce sens, le personnage féminin ne procure plus ce terrain d'entente au lecteur. L'héroïne devient par conséquent peu crédible. Mamie, Farida et Véra n'offrent plus au lecteur cette image des héroïnes d'autrefois, jugées stables et stabilisantes. Nous assistons d'ores et déjà à une déstabilisation, à une perte de crédibilité et de puissance de la représentation, car celle-ci n'est plus fournie au sens mimétique du terme. Le lecteur ne sait presque rien de l'état réel du personnage féminin, dans la mesure où celle-ci est racontée par truchement. Devant cette absence de vision directe, la femme perd progressivement sa propre représentation et devient par conséquent, insaisissable et indéfinissable. Elle devient en quelque sorte l'ombre d'elle-même. Le lecteur est privé de tout confort et de tout repère d'ordre culturel, qui lui permettraient de la situer. En lisant les trois héroïnes, nous avons l'impression d'en lire une seule, il s'agit donc d'universalité de représentation. Mais cette absence de vision directe du personnage ne concourt-elle pas à libérer le

---

[1.] N. SARRAUTE, *L'Ère du soupçon*, Paris, Gallimard, 1956, p. 59.

lecteur de toute interprétation psychologique ? Nathalie Sarraute écrit : « Il faut donc empêcher le lecteur de courir deux lièvres à la fois, et puisque ce que les personnages gagnent en vitalité facile et en vraisemblance, les états psychologiques auxquels ils servent de support le perdent en vérité profonde, il faut éviter qu'il disperse son attention et la laisse accaparée par les personnages, et pour cela, le priver le plus possible de tous les indices. »[1] Ce fait nous incite à juger le personnage féminin comme étant construit sur l'hypothèse. Cette représentation féminine reste en tout état de cause relative. Elle n'est en aucun cas la représentation réelle de la femme dans les textes. Le narrateur-personnage masculin n'est pas seulement un homme qui décrit la femme, il est en même temps celui qui l'invente à sa façon. En conséquence, le lecteur possède une seule vision, qui demeure partiale. Il y a donc une absence réelle de la vision directe de la femme : « Cette nouvelle forme de vraisemblance, liée au pouvoir de l'imaginaire d'un narrateur, met (…) le monde à distance, monde sur lequel glisse le regard. Position qui permet ce que Bernard Pingaud nomme : "l'escamotage du personnage". »[2] La présence du personnage féminin se restreint donc à un univers purement objectal. L'héroïne est décrite d'une façon superficielle, tel qu'un objet parmi d'autres. Cette description objectale escamote progressivement le personnage. La description optique détruit l'héroïne, qui devient peu à peu un objet parmi les objets décrits. Cette présence objectale de l'héroïne finit par détruire et annihiler sa subjectivité. Cette description objectale de la femme nous renvoie au roman de Claude Simon, dans *Triptyque* (1973), dans lequel, le personnage rentre progressivement dans un processus de « *dévoration* » selon la terminologie de Bernard Pingaud.

Cette utilisation paroxystique de la description de la femme produit une excroissance textuelle du personnage et l'emporte vers une disparition, une dissolution, et une dislocation. Le personnage féminin devient vide de toute subjectivité propre, elle devient virtuelle et donc peu crédible aux yeux du lecteur. En outre, cet excès dans la description objectale de la femme

---

[1] Ibid., p. 71.
[2] J.-P. MIRAUX, *Le Personnage de roman*, op. cit., p. 108.

influence en conséquence son moyen d'expression. La parole s'anéantit au profit d'une expression corporelle et psychique. Personnage réduit à une simple description, il devient une simple forme d'ombre et de simulacre. Les trois héroïnes se développent donc dans l'absence, et le non-être, elles tendent perpétuellement à se récupérer par le langage et comme le suggère Ludovic Janvier *la dernière arme efficace du personnage est le langage*, il reste donc comme une réponse à l'échec ; il est également une sorte de révolte contre la soumission au sujet parlant.

9- Ecrire l'actualité, produire l'actualité :

Les trois romans présentent une vision hégélienne du personnage. Nous assistons à une absence de toute rationalité sociale et d'idéalisme absolu, identifiant l'être et la pensée dans un principe de conception. Les héroïnes ne se présentent à travers aucune dialectique, il s'agit de personnages voués à subir, incapables d'agir, privés de toute participation active et concrète. Cette complexité entre soi et autrui provoque un déséquilibre entre la subjectivité féminine et sa participation au monde, entre une conscience et une prise de conscience de l'héroïne. Car la conscience féminine n'est dans les trois romans qu'enregistrement, alors que la prise de conscience reste une révélation, afin de confronter les aspirations profondes aux dires d'autrui, celui du narrateur-personnage. A ce propos Henri James distingue amplement ces deux limites chez le personnage, entre sa *consciousness [conscience]* et *awareness [sa prise de conscience]*. Mais, décidément, les héroïnes ne s'accomplissent que par rapport à autrui, qui approfondit et ramifie leur conscience. Ce fait donne lieu à un personnage localisé, défini, mais en aucun cas décidé, car le destin de l'héroïne demeure tout au long des romans méconnu, il s'agit d'une héroïne inachevée, laissée en suspend. Henry James note dans ses *Carnets* à propos du personnage d'Isabel dans *Un Portrait de femme* (1881) : « Une critique s'impose, évidemment : ce n'est pas achevé - je n'ai pas conduit mon héroïne jusqu'au bout de la situation - je l'ai laissée en l'air. Reproche à la fois pertinent et injustifié. Tout n'est jamais dit en entier, on ne peut prendre que ce qui peut se grouper. »[1] Dans cette complexité des profondeurs, les trois auteurs tentent de transmettre au lecteur, une image du groupe, voire du rapport entre la femme et l'homme. Ils essaient comme le précise György Lukàcs dans ses études, de mettre l'accent sur une représentation critique du réel, donnant ainsi un effet véridique, à travers des situations psycho-sociales complexes, profondes et ambiguës. Comme chez Dorothy Richardson ou Marcel Proust, le personnage ne doit pas représenter le réel,

---

[1.] H. JAMES, *Carnets*, trad. par L. Servicen, Paris, Denoël, 1954, p. 40.

mais le signifier. Ce besoin de traduire la réalité féminine à travers la subjectivité, nous renvoie à l'écriture d'Henri James, qui tente continuellement de traduire les rapports de son esprit avec les mouvements de la vie. Virginie Woolf traduit également ce besoin de représenter le réel à travers « *les myriades d'impression.* » James Joyce confirme cette thèse de la représentation du réel par le subjectivisme du personnage, car selon lui, il est important d'exprimer le conflit de la vie subjective, et le cas le plus frappant demeure dans *Le Bruit et la fureur* (1929), *La Promenade au phare* (1927), *Ulysse* (1922) ou *Manhattan Transfer* (1925).

Les trois romans de notre corpus relèvent d'un constat fondamental, celui de la vie de l'esprit humain et celui de la femme face aux contraintes du monde moderne jugé individualiste et déshumanisé. Ces deux formes demeurent inconciliables, mettant en contradiction le sujet à l'objet (monde externe). Les romans francophones mettent en valeur la problématique de l'existence du personnage féminin et non pas son histoire. A ce propos Michel Zeraffa écrit : « Le roman a toujours eu ses propres éléments constitutifs, ses modes propres d'organisation et de signification de la réalité. Quand le réel change, ce langage se modifie. Le roman ne reflète pas, il traduit. »[1] L'intériorité complexe de l'héroïne reflète bel et bien le conflit et la situation de la femme au sein de toutes les sociétés et du couple, voire du groupe. Les romans francophones étant issus d'univers, de traditions et de religions différents, restent au cœur de ce conflit sociologique. Jean-Philippe Miraux déclare dans *Le Personnage de Roman* : « Affirmer que le personnage finit par s'étioler et atteindre à l'absence ne signifie pas que toute volonté de représentation nie le monde mais bien au contraire s'y situe et le questionne. En ceci, l'éloignement mimétique est autant un questionnement esthétique et philosophique sur le statut du sujet en tant qu'homme, de l'homme en tant que sujet ; en ceci également, l'écriture la plus dégagée est aussi une littérature engagée ».[2]

[1.] M. ZERAFFA, *Personne et Personnage, Le romanesque des années 1920 aux années 1950*, op. cit., p. 17.
[2.] J.-P. MIRAUX, *Le Personnage de Roman*, op. cit., p. 122.

L'insistance du personnage masculin sur la vie intérieure, voire sur la conscience, nous permet de comprendre la relation, l'évolution et la transmutation des sentiments, des désirs et des sensations au sein du couple, et d'y pénétrer dans les profondeurs intimes de cet espace fermé et opaque. Rémi, Lui et le jeune journaliste cherchent à nous décrire cette activité de la psyché, qui est souvent bafouée dans la vie réelle. En mettant en exergue les sensations et les impressions du couple, les écrivains francophones tentent de mettre en relief une réalité métaphysique souvent ignorée ou refoulée au sein du couple moderne. Cette attention et cette complexité de l'être de papier expriment également la complexité sociale de l'individu. « *Les vivants sans entrailles* » comme l'affirme ironiquement Paul Valéry nous renvoient à la vie réelle : « Les personnages incarnent nos désirs, ils sont la figure de nos rêveries, ils sont porteurs de nos angoisses, ils ont le courage, souvent, d'aller jusqu'au bout de leurs folies. »[1] En insistant sur la vocation psychologique des personnages, les trois auteurs tentent de mettre en valeur l'incommunicabilité du couple dans la vie réelle, car en s'accrochant à l'intériorité parlante, les personnages masculins nous font élucider l'incommunicabilité qui règne entre les personnages ou les personnes. Et en partant du principe que « *les personnages représentent des personnes* »[2], il leur revient en conséquence de représenter les failles des rapports entre l'homme et la femme. La conception du réel dans les romans francophones contemporains diverge par conséquent de celle des anciens.[3] A présent, le personnage nous présente une vision du réel basée sur le questionnement, le repli et le doute de soi et vers autrui. Tout au long des romans, le héros ne cesse à travers la voie de la conscience, de nous dire ses interrogations sur les sentiments, les désirs et les sens d'autrui. Étant perdu dans le labyrinthe de sa propre conscience et de celles des autres, il demeure sans assurance, peu fiable et en conséquence imprévisible. Si, dans les premiers romans

---

[1] M. RAIMOND, *Le roman*, op. cit., p. 173.
[2] B. CANONNE, *Narrations de la vie intérieure*, Paris, Klincksieck, Centre de Recherche des Lettres et Langues de l'Université de Corse, 1998, p. 129.
[3] Voir supra., Première partie « Aperçu du roman francophone québécois, algérien et russe ».

francophones, l'histoire était le point d'ancrage qui détermine le degré de réalisme de l'œuvre, dans le roman francophone contemporain, c'est le personnage, dont la pluralité de conscience est seule en mesure de représenter le réel chaotique d'une société purement et durement individualiste. Cette plongée dans la conscience profonde des myriades d'impression nous dévoile l'essence de l'individu au sein d'une société purement pragmatique : « (...) le réalisme ne consiste pas à reproduire des formes tirées du réel mais à en créer qui soient en analogie avec notre vision du monde et qui éclairent quelque chose du réel ».[1]

[1.] B. CANNONE, *Narrations de la vie intérieure*, op. cit., p. 132.

CONCLUSION :

Nous observons un réel écart dans la représentation du personnage féminin francophone. Ce trait distinctif se manifeste en particulier dans le changement de la conception du personnage. Ce dernier se trouve remis en question par les romanciers francophones. Désormais, l'héroïne demeure d'un côté rongée par un excès de matérialité sans mesure, et d'un autre côté, elle se trouve engloutie dans le magma des profondeurs psychologiques. Cet état de fait rend compte de la chosification de l'héroïne, qui se trouve effacé en tant que sujet, et perd en conséquence toute son individualité et son humanisme au sein des textes. Les théoriciens de l'unanimisme tel que Jules Romains, admettent dans cette mouvance, l'instabilité des choses et des êtres, dans une discontinuité de la vie psychologique. Dans ce désordre, cette confusion du psychique et cette multiplicité du Moi féminin, le « Je » ne peut être que singulier. L'héroïne francophone obéit certes à un modèle traditionnel, dans la mesure où elle est décrite comme une figure physique, psychologique et sociale. Néanmoins, sa complexité psychologique nous rend compte d'un personnage éclaté, dissous et en désagrégation absolue. En outre, l'excès dans la matérialité de l'héroïne escamote sa présence en tant que sujet, elle reste toute au long des romans absente, contrairement à un héros anonyme, mais omniprésent et maître de l'univers romanesque. L'héroïne se présente sous une forme de présence absente. Car ce qui était autrefois l'action de l'héroïne devient désormais impressions incertaines. Nous constatons, en tout état de cause, que le corpus francophone met en lumière un paramètre d'opposition entre les personnages. Nous nous retrouvons en ce sens avec deux catégories de héros. En premier lieu, les personnages masculins, des héros quasi-anonymes. N'étant guère caractérisés, ils se présentent par des désignateurs vides de sens. En second lieu, nous nous retrouvons avec des personnages féminins décrits dans l'excès et le surplus. L'univers féminin subit une description précise, à l'intérieur de laquelle, la femme est réduite à un simple système de caractéristiques extérieures et intérieures. Dans cette décomposition de l'autre, rien n'est laissé en aparté, tout est mis en valeur au profit du personnage masculin et du lecteur. Ce dernier bénéficie d'un regard fouillé, attentif et observateur sur un être singulier et surtout patient. La technique du subjectivisme, à laquelle l'héroïne se donne, rapproche aussi le roman francophone du roman français d'après la seconde guerre, où nous assistons à l'incorporation du personnage à la psychologie des profondeurs, donnant naissance à un monde en ruines. Étant construite sur ce foyer incertain de myriades d'idées, l'héroïne se définit dans une situation de passivité. A travers cette subjectivité de la conscience, tous les événements se modèlent, se fondent sur ses sentiments, sans pour autant qu'elle puisse y participer. Elle est condamnée à voir et à contempler et devient par conséquent, spectatrice de soi et de sa propre histoire. Il y a une distance qui s'élabore entre le personnage et son univers. Et c'est dans cette distance que se crée la désagrégation de l'être féminin et de ses valeurs. L'héroïne est restreinte donc à son rôle « *d'un être de papier* », vide de toute individualité et d'autonomie. Mais comme l'avance David Herbert Lawrence : « Le roman n'est-il pas le parfait médiateur pour nous révéler l'arc-en-ciel changeant de nos relations dans la vie ? »[1]

[1.] M. ZERAFFA, *Personne et Personnage, Le romanesque des années 1920 aux années 1950*, op. cit., p. 78.

CONCLUSION GENERALE

À l'intérieur des trois œuvres francophones existe une réelle convergence des univers romanesques. Dans cet ensemble hétérogène uni par la même langue surgit une importante cohérence d'ordre thématique, c'est dire que la langue n'est pas seulement un instrument, mais également un mode de pensée. La francophonie littéraire permet à la fois une grande diversité de style, de ton, de thème et de représentation, mais elle permet également l'unification de ces axes : « Le repérage et la classification des thèmes les plus souvent abordés dans ces littératures suscitent des rapprochements entre pays que la géographie pourtant éloignait. »[1] La convergence thématique se présente à titre d'exemple dans l'association de l'héroïne à la femme mythique. Dans les trois univers littéraires francophones, la femme en tant que personnage principal ou secondaire, est systématiquement renvoyée à l'image des grands mythes féminins. Dans le roman québécois, l'héroïne Mamie représente le mythe de Lilith dans la civilisation judéo-chrétienne. Lorsque nous nous reportons à des écrits comme les ouvrages cabalistiques écrits vers le XIIIe siècle, nous comprenons à la fois le rapprochement entre Adam et son épouse Lilith et Rémi et Mamie. Le romancier québécois, nous renvoie au conflit du premier couple, qui finit par l'échec du couple et par la fuite de Lilith. Presque le même tableau se présente dans *Va savoir*. Comme cette femme mythique, Mamie s'enfuit en laissant derrière elle son mari, et de surcroît, après avoir quitté le foyer marital/ou paradis, les deux femmes (Lilith et Mamie) ont été condamnées à errer dans les ténèbres de l'aventure/l'enfer. Et comme Adam, Rémi a réclamé constamment sa moitié lorsque Mamie est partie en errance. En tout état de cause, Mamie dans *Va savoir* représente comme Lilith dans la Bible, le symbole de la femme qui vit continuellement dans la douleur, une sorte de femme maudite, toujours cachée, latente, et souffrant de sa condition de femme.[2] Carol Prunhuber et Sabrina Mervin affirment dans *Femmes, les grands mythes féminins à travers le monde* : « Mais elle [Lilith]

[1.] D. BRAHIMI, *Langue et Littératures francophones*, op. cit., p. 61.
[2.] Cf. J. BRIL, *Lilith*, Paris, Payot, 1984 et J. MARKALE, *La Femme celte*, Paris, Payot, 1982.

fut chassée pour mauvaise conduite, et reléguée aux enfers, au monde des ténèbres, à l'inconscient (...) ».[1] Dans le roman algérien, le personnage féminin Aïcha, (personnage salvateur), nous renvoie à la femme du prophète Mohamed dans la civilisation musulmane. Comme elle, Aïcha distrait l'homme/héros de ses soucis, elle occupe la place de la femme confidente. Telle que l'épouse du prophète, Aïcha représente la motivation et la force, elle représente le discours du courage et le soutien de ses compagnons. Aïcha présente dans le roman comme dans la civilisation musulmane, le devenir de l'homme et comme l'avance Muhammad Ibn Djarir al Tabari : « Aussi longtemps que ses hommes verront ce chameau [celui d'Aïcha, épouse du prophète] debout, ils ne reculeront pas ».[2] Dans le roman russe, Véra nous renvoie directement au mythe de Pénélope dans la civilisation grecque, à cette femme de l'ombre et du silence[3], qui passa toute sa vie à attendre Ulysse. Comme Pénélope, Véra ne perd jamais espoir de revoir son amoureux, elle représente comme la femme mythique, une héroïne sage et mesurée, qui n'apparaît que très discrètement au fil de l'œuvre. Toutes les deux, demeurent le symbole de la fidélité et de la passion, elles se retirent du monde dans l'attente de l'aimé. Considérées comme des déesses, Pénélope et Véra sont les gardiennes du foyer, elles sont l'image de la femme qui attend. Cette unification thématique entre les trois héroïnes francophones, nous incite à reprendre la formule de Xavier Deniau : « Le charisme de notre langue réside en ce que Rivarol et Senghor puissent définir chacun d'eux francophonies aussi différentes qu'exactes ».[4] A cette convergence thématique s'ajoute un univers narratologique homogène, unissant plus ou moins les trois univers littéraires francophones. A ce niveau, les trois romanciers francophones empruntent la même technique

---

[1] C. PRUNHUBER et S. MERVIN, *Femmes, Les Grands mythes féminins à travers le monde*, Paris, Hermé, 1990, p. 16.
[2] M.-I.-D. TABARI, *Les quatre premiers califes*, Paris, Sindbad, 1980, p.52. Cf. A.-L. IBN ABD RABBIH, in *Les plus beaux textes arabes*, recueillis par E. DERMENGHEM, Paris, édition d'Aujourd'hui, 1979.
[3] Cf. A.-R. PEYREFITTE, *Le mythe de Pénélope*, Paris, Gallimard, 1949. Et HOMERE, *L'Odyssée*, Paris, Gallimard, coll. La Pléiade, 1968.
[4] D. BRAHIMI, *Langue et Littératures francophones*, op. cit., p. 99.

narrative du personnage. Lorsque nous évoquons l'héroïne dans les trois œuvres francophones, à première vue, nous avons l'impression d'avoir affaire à un personnage obéissant au modèle traditionnel, ayant une histoire, un statut et une personnalité, voire une personne ayant ses limites, ses conventions et ses lois, et qui tente en tout état de cause de représenter la condition de la caste féminine. Néanmoins, en analysant le rôle narratologique du personnage, nous observons que les héroïnes francophones suivent un trajet identique. Mamie, Farida et Véra sont des personnages sans liberté, elles se réalisent dans un destin déjà préétabli. Étant en déperdition absolue, elles demeurent soumises aux faits et aux personnages de l'histoire. Et, de surcroît, les trois œuvres présentent une narration assumée par un narrateur-personnage, qui est maître de sa narration. Rémi, Lui et le jeune journaliste possèdent un pouvoir sans mesure sur les faits et les personnages, notamment sur l'héroïne, ils la modèlent à leur guise. L'héroïne est donc l'objet de l'action du héros, elle est soumise aux dires et aux actions d'un narrateur-personnage masculin imposteur, qui maîtrise à la fois son image, sa parole et en sus sa propre représentation. Il s'agit d'un narrateur-personnage partial, qui renvoie souvent la femme à l'obscurité de l'inconscient, afin de la juger et de la scruter.

En conséquence, les trois romans francophones réalisent la mise à mort de l'héroïne. Cette dernière est escamotée sur le plan narratologique, dans la mesure où elle n'assume pas de fonctions dans les récits, elle demeure vide de tout rôle narratif. Comme la narration tourne autour d'elle, l'héroïne est partout dans le texte, mais paradoxalement, elle n'est nulle part, dans la mesure où elle ne participe pas à sa propre histoire. L'héroïne demeure catégoriquement absente en tant que sujet, le personnage féminin n'accomplit aucun rôle actif. Mamie, Farida et Véra sont absentes sur le plan narratologique. Les trois auteurs francophones présentent l'héroïne sur un plan purement subjectif, comme une perception abstraite, une image mentale. Mais ce contenu n'est guère associé à un rôle actantiel objectif, à un sujet présent. Cette image de l'héroïne francophone résulte d'une accumulation de sensations, autrement dit, les romanciers ne nous fournissent guère de connaissance véritable qui peut rendre le sujet féminin présent dans le récit. Il s'agit en conséquence d'une représentation féminine platonicienne, où les descriptions fournies ne renvoient aucunement au rôle concret de l'héroïne dans le texte. En fait, l'héroïne est conceptualisée. Ce processus de représentation renvoie à une réalité extérieure absente, où se réalise une dissociation entre le sujet et l'essence, entre l'être et le paraître, en ce sens, la représentation de la femme demeure incomplète. Il s'agit d'une représentation idéaliste, où le sens et l'imagination jouent un rôle important, mais manifestement, trompent à tout moment. Maine de Biran avance dans *Examen des leçons de philosophie, I* : « La réalité n'appartient pas primitivement et essentiellement au monde de nos représentations. Le sens et l'imagination trompent à chaque instant et peuvent tromper toujours. »[1] Dans les trois romans francophones nous assistons donc à un double escamotage de l'héroïne. En premier lieu, le personnage est escamoté en tant que sujet. L'héroïne devient en somme un simple être de papier. Et en second lieu, nous avons affaire à une héroïne en totale perdition, escamotée par une intériorité parlante de sa propre conscience. Ce discours de la conscience décompose l'héroïne et l'intègre dans la sphère de l'inconscient, elle devient donc effacée et incertaine comme l'obscurité profonde du « ça. » Certes, l'héroïne possède une matérialité apparente, mais sa plongée dans le foyer incertain des myriades d'impressions la rend absente en tant que sujet, elle reste par conséquent, spectatrice de sa propre histoire et de sa propre mise à mort. Quant au héros, étant lui aussi perdu, il se cherche lui-même à travers le Moi féminin. Mais dans la décomposition de l'héroïne, il ne peut être que dans la désagrégation, et c'est là où surgit l'éclatement des personnages. Ce fait nous rappelle la déclaration de Pierre Emmanuel Cordoba, dans laquelle il nous expose la situation du personnage objet d'un double assassinat dans les années soixante : les assassins étant d'une part *« les nouveaux romanciers »* et d'autre part les *« greimassiens »* : « Cette mise à mort eut un effet salutaire (…) Bref, le personnage n'est pas une personne, je crois que nous sommes

---

[1.] M. DE BIRAN, *Examen des leçons de philosophie, I*, Paris, L'Harmattan, 1817, p. 147.

aujourd'hui tous d'accord là-dessus et il me semble inutile de continuer plus longtemps à enfoncer des portes ouvertes ou taper sur des clous déjà solidement rivetés. »[1] Toutefois, cet escamotage des personnages est-il fortuit ou intentionnel ? Dans la non-représentation, les trois auteurs francophones tentent de produire une autre sorte de représentation. Et si c'est l'écriture de la langue française que les romanciers francophones cherchent à représenter, en passant par une rhétorique fondée sur la figure de la métonymie ? L'omni-absence de l'héroïne donne une sorte d'omniprésence à l'écriture, qui devient elle-même l'héroïne de l'œuvre francophone, comme l'écrit Claude Lévi-Strauss : « Le héros du roman, c'est le roman lui-même ».[2] La présence des personnages ne peut se réaliser que dans l'écriture et se limite aux mots, ils ne peuvent exister en dehors de ces derniers. Les romans francophones présentent une sous-représentation féminine, par opposition à une surreprésentation de l'écriture. Les romanciers tentent de rendre sensible l'image féminine, mais cette dernière étant absente, elle cède la place à l'écriture, qui se représente elle-même dans cet univers. Très souvent dans des écrits francophones, la langue française est personnifiée sous des traits féminins. Le récit allégorique d'Abdelkébir Khatibi *Amour bilingue* (1983) fait du bilinguisme (arabe-français) le personnage féminin central, à la fois la mère et la maîtresse. A l'intérieur des romans francophones, la langue devient un être de chair et de sang, elle est l'épouse ou la compagne. Nous constatons, en conséquence, une sorte d'allégorisation qui produit un phénomène d'anthropomorphisme, aidant à la personnification de la langue française. Cette dernière est incarnée par une femme belle, séduisante, excentrique, étrangère et mystérieuse. Il s'agit donc d'une érotisation de la langue, qui devient un objet de désir : « L'érotisation de la langue, sur le monde de l'amour-passion, ou au contraire de *« la complicité »* incestueuse, conditionne en profondeur les écritures de la francophonie. Lorsque la langue,

---

[1.] P.-E. CORDOBA, *Prénom Gloria. Pour une pragmatique du personnage*, Paris, S.E.L, 1984, p. 33 et sq.
[2.] M. ZERAFFA, *Personne et Personnage, Le romanesque des années 1920 aux années 1950*, op. cit., p. 458.

en effet, est l'objet même de la jouissance ce qui est vrai de toute littérature, mais plus encore de la francophonie - l'écrivain est enclin à cultiver narcissiquement le plaisir de la langue. »[1] Le souci de différenciation dans la structure du personnage est fort présent, il passe souvent par le refus d'une écriture linéaire et le rejet des personnages traditionnels. Les écrivains francophones réfutent souvent la conception balzacienne, afin d'intégrer une écriture et des personnages du degré zéro. Cette forme d'appropriation passe souvent par la destruction du personnage traditionnel. Les auteurs francophones mettent l'accent sur ces techniques anti- narratives du Nouveau roman, où nous assistons à une réelle destruction des conventions balzacienne du personnage. Actuellement, il est impossible de comprendre le roman francophone sans se référer au Nouveau roman : « Que les littératures francophones défendent leur identité ne les empêche pas de subir des influences, d'ailleurs pas exclusivement françaises. »[2] Au bout du compte, nous nous retrouvons avec une anti-héroïne, tels que les héros proustiens racontés à partir d'impressions affectives. Mamie, Farida et Véra se présentent dans la déviation par rapport aux personnages traditionnels, et de surcroît, elles sont racontées dans le cadre d'une écriture du mystique, où le narrateur les imprègne dans un retour de soi, dans une quête intérieure, qui passe par l'expérience de la dépossession et du dépouillement, tels que les personnages de Samuel Beckett. En outre, les trois romans francophones montrent dans leurs procédés narratifs une réelle influence pour les techniques narratives du Nouveau roman. Nous assistons à l'emploi fréquent du monologue intérieur, ou du style indirect libre qui demeure la technique dominante, celle qui nous permet de plonger dans les profondeurs de la pensée des personnages. Mais cette plongée dans l'intimité féminine, ne serait-elle pas un approfondissement dans la langue française, voire de la francophonie ? Et l'affrontement constant entre l'homme et la femme ne serait-il pas un affrontement entre l'écrivain et la langue ? : « La langue française intervient souvent comme un

---

[1] Ibid., p. 91.
[2] D. COMBE, *Poétiques francophones*, op. cit., p. 10.

thème, voire comme un personnage dans les poèmes et les fictions francophones. Ce discours explicite masque des processus inconscients, moins évidents ».[1] Il y a chez les écrivains francophones un réel sentiment d'appropriation de la langue de l'Autre et comme l'avance Émile Michel Cioran dans *Aveux et anathèmes* : « On n'habite pas un pays, on habite une langue ».[2] En ce sens, il y a un réel sentiment de rompre avec l'origine et faire renaître une langue et un personnage propre en soi, chargés par un passé littéraire et culturel, individuel et collectif. Nous constatons que la langue française étant choisie librement ou imposée par l'Histoire, étant langue maternelle ou seconde, langue d'élection ou de contrainte, elle reste continuellement changeante selon les confrontations culturelles et littéraires. L'intention de l'écrivain francophone est de s'approcher, par ses techniques d'écriture, de sa propre réalité culturelle et littéraire. Il joue avec cette énonciation singulière tout en restant à l'intérieur de la langue française.[3] En conséquence, une littérature dite canonique n'existe qu'en soi, car nous constatons de nombreux éclatements et entrecroisements de l'image féminine, que nous appelons « *des métissages génériques* » de représentation. Les trois écrivains francophones tendent à la fois, à se soumettre à leur écriture et à leur propre culture iconoclaste, mais s'ouvrent en l'occurrence sur d'autres cultures et d'autres poétiques littéraires. Les trois œuvres demeurent constamment en processus de dissimulation et d'assimilation littéraires. L'espace francophone reste à la fois singulier et universel : « La littérature de cet espace est cependant avant tout le lieu de rencontre de cultures distinctes mais communes ne serait-ce que par la langue, (…). On utilisera à ce propos l'expression de Carlos Fuentes *El abrazo de las culturas* (1994), l'embrassement, l'entrelacement des cultures, (…) Ces cultures et littératures (…) sont aussi marquées d'un réel implacable où se décryptent (…) les solitudes, les incompréhensions les sentiments de haine et de

---

[1.] Ibid., p. 153.
[2.] E.-M. CIORAN, *Aveux et anathèmes*, Paris, Gallimard, 1987, p. 21.
[3.] Cf. J.-R. SEARLE, *Sens et expression*, tra. fran., Paris, Minuit, 1982.

déréliction ».[1] En somme, les trois représentations francophones ne cessent de communiquer entre elles, tels que les mythes dont nous parle Claude Lévi-Strauss « *se présentent entre eux.* » Cet état de fait témoigne de la richesse et de l'entrelacement polyphonique des littératures francophones entre elles. L'écrivain francophone tente en ce sens de réconcilier le singulier et l'universel dans l'unité de l'œuvre francophone : « Toute francophonie est, au pire, un compromis, au mieux, une dialectique entre le singulier et l'universel. »[2] L'écrivain francophone demeure face à plusieurs contradictions et cela de par l'affrontement et la confrontation constante entre la culture d'adoption et la culture nationale, entre formes importées et tradition littéraire nationale. L'écrivain francophone vit continuellement dans cet entre deux, ou même dans un entre-plusieurs, qui constitue en lui une réelle richesse. Cette schizophrénie, au sens positif du terme, demeure la source de sa créativité et de son imaginaire.

[1.] Ibid., p. 32.
[2.] D. COMBE, *Poétiques francophones*, op. cit., p. 134.

ANNEXES

1- RÉSUMÉS DES ROMANS ÉTUDIÉS :
1-1 *Va savoir* :

Réjean Ducharme est l'auteur du roman *Va savoir*, publié aux éditions Gallimard, et en collection Folio, en France, en 1994. Cette œuvre québécoise constituée de trois cents pages raconte d'une manière très ouverte et explicite l'histoire d'un couple québécois et les difficultés conjugales rencontrées sur le plan culturel et identitaire. Après l'installation du couple Rémi et Mamie à la campagne, dans un village situé à Montréal, appelé la Petite Pologne, l'épouse Mamie s'embrouille dans une angoisse se traduisant par le refus de soi et d'autrui. Pour remédier à ce mal être, Mamie décide de quitter le foyer marital afin de se lancer dans l'aventure en compagnie d'une jeune femme jugée dangereuse. Toutefois, ce voyage se transforme vite en errance. Mamie et son amie Raïa parcourent ensemble l'Europe et l'Afrique, elles déambulent d'un pays à un autre, perdant tout objectif dans cette trajectoire. Pendant ce temps, Rémi reste seul dans son lotissement. Dans l'espoir de revoir un jour sa femme, Rémi accomplit des travaux surhumains pour reconstruire sa maison, qui était autrefois une ruine. Mais, le désespoir l'envahit de jour en jour, notamment lorsqu'il apprend que la dangereuse Raïa exerce un pouvoir moral sur sa femme. La peur et l'angoisse s'amplifient dans une vie devenue chaotique. Rémi apostrophe le monde entier et sa révolte passe en particulier par les mots. Dans sa quête de l'absolu, le héros ne sait que refuser, et avec la force du désespoir, l'angoisse du vide et la peur de la solitude, Rémi éprouve du dégoût. Le néant, le noir et le désespoir se frôlent en permanence. Rémi lutte continuellement contre les mots reçus dans les lettres envoyées par sa femme et son amie Raïa. Le doute envahit toutes ses pensées et l'espoir de revoir sa femme diminue de jour en jour. Afin de remplacer ce vide, le héros se réfugie très souvent chez ses voisins. Ces derniers tentent de partager avec lui son quotidien monotone et en particulier sa nausée morale. Mary l'horticultrice partage souvent sa passion avec Rémi, elle lui fait découvrir la culture des fruits, des légumes ainsi que l'univers riche des plantes. Dans cette relation amicale, Mary lui révèle sa vie de couple, qui semble dure, car Mary entretient son mari Hubert, un cancéreux avancé. Il y a aussi Fanie, leur petite fille de cinq ans, dont s'amourache Rémi. Cette dernière permet au personnage désespéré de s'échapper de son monde d'adulte et de rentrer dans un univers enfantin, fondé sur des valeurs sûres. Puis, il y a Jina, l'ex-danseuse « *pétard à ressorts* », qui élève son fils Jérrymie pendant que son petit ami est en prison. Et enfin, Mûla l'Antillaise et ses autres copines du trottoir montréalais. Pendant que Rémi partage son quotidien avec ses voisins, Mamie et Raïa continuent à déambuler. Elles ne cessent d'envoyer des lettres à Rémi, afin de lui décrire les pays qu'elles visitent. A travers cette correspondance, Rémi apprend la manipulation morale de Raïa sur sa femme Mamie. Cette femme jugée perverse tente à tout prix de détruire le couple. Dans la dixième et la dernière lettre envoyée de Jérusalem, Raïa révèle froidement la disparition de Mamie. Pendant la nuit, celle-ci s'est sauvée, laissant derrière elle ses chaussures et son passeport, dont la photo était rayée. Cet événement bouleverse fortement Rémi, qui se résigne à accepter son propre destin.

1-2 *Agave* **:**

Constitué de cent cinquante et une pages, *Agave* est écrit par Hawa Djabali, et publié aux éditions Publisud à Paris en 1983. Cette œuvre romanesque nous apporte un témoignage pertinent sur la notion du couple algérien des années quatre-vingt. Le roman remet en question la problématique de la gent féminine, posée dans les publications antérieures. Les personnages de l'histoire racontée sont des figures emblématiques d'une nouvelle société algérienne et d'une caste féminine préoccupée par la modernité. La représentation de la femme s'expose dans ce roman sur un point très important. *Agave* relate l'histoire d'une femme maghrébine préoccupée par son émancipation et sa modernité. Farida est libérée de toutes contraintes liées à la tradition, aux coutumes ou à la religion. Farida, comme son prénom l'indique est très singulière, de par ses comportements révoltés au sein d'une société conservatrice. Après avoir fait des études très approfondies dans le domaine de la médecine, l'héroïne décide de se marier avec un homme qu'elle a aimé. Elle s'engage délibérément dans une vie conjugale et une vie professionnelle très actives. Toutefois, elle se trouve tiraillée entre deux responsabilités. Médecin gynécologue, la profession de Farida l'oblige à assumer ses devoirs à l'hôpital et la maison de son côté impose ses exigences. Farida est tirée par différentes obligations. Le mari de Farida se sent effacé dans cette vie conjugale. La souffrance de cet homme appelé Lui s'amplifie lorsqu'il réalise que sa femme est devenue une automate. Farida n'éprouve aucun sentiment vis-à-vis de son époux, si ce n'est de l'indifférence, de l'insensibilité, voire du dédain. L'héroïne est obnubilée par sa supériorité féminine, elle s'enfonce dans une obscurité qui rend ses liens avec son mari de plus en plus difficiles, car Farida se sent indépendante. Ces circonstances atténuantes l'incitent à s'isoler dans son monde propre, où la seule devise est la supériorité féminine. Elle apprend à ne pas être proche, à n'aimer personne, elle obéit à un univers réfutant tout plaisir, y compris celui de son mari. Lui est ulcéré par le comportement pervers de son épouse, il se lance dans la recherche d'un refuge auprès d'une autre femme, appelée Aïcha. Cette femme conteuse venant de la montagne des Grenadiers lui raconte des contes, qui permettent le retour sur soi et vers autrui. La parole de ce personnage salvateur se distingue par le traitement par le biais du conte. Durant toute sa vie conjugale, Lui se sent soumis, humilié et vidé par le comportement de sa conjointe. Auprès de Aïcha, il trouve une thérapie contre le monde chaotique dans lequel il se trouve. Néanmoins, après plusieurs tentatives de réconciliation, Lui décide de rompre les liens conjugaux. Il décide enfin de divorcer, car il lui semble avoir trop enduré avec cette femme obsédée par son statut social élevé et sa supériorité. La révolte passe par le refus de l'exclusion masculine au sein du couple. Il réfute l'effacement de l'homme, car Lui rêve d'un monde meilleur. Cependant, Farida refuse cette séparation, elle n'accepte point le départ de son conjoint. A son tour, elle se révolte contre elle-même et contre le monde absurde et obscur, auquel elle obéissait. Farida décide de chercher son mari en allant rencontrer Aïcha la conteuse. Aïcha purifie Farida par le verbe. Dès lors, elle la libère de ses souffrances par la parole. Le couple qui souffrait autrefois apprend de la bouche de Aïcha et de ses gestes le bonheur de la vie maritale. Enfin Lui admire le regard nouveau de son épouse et comprend que sa femme ne reculera jamais. Le couple se renforce et se découvre. Lui et Farida se réunissent enfin pour s'aimer.

1-3 *La Femme qui attendait* :

Andreï Makine est l'auteur du roman *La Femme qui attendait*, publié aux éditions du Seuil à Paris en 2004. Cette œuvre récente constituée de deux cents quatorze pages expose une problématique très répandue dans la société russe. Dans ce texte, le mystère et l'énigmatique sont mis en valeur, et cela relève d'un phénomène culturel propre à la société russe. Le roman raconte une histoire passée dans les années soixante dix, d'une femme institutrice habitant à Mirnoïé, un village située au nord de la Russie. Véra s'engage dans une quête amoureuse envers un bien-aimé absent. Il y a trente ans de cela, Véra avait fait la promesse à son amoureux parti au front en 1945, de rester toujours fidèle, attendant son retour de la guerre. Véra passe trente ans de sa vie à espérer le retour de son fiancé, elle refuse l'oubli et reste fidèle envers un absent. Dans ce village, où le temps est absent, où l'Histoire s'est effacée, Véra aide humblement des vieilles femmes, dont la majorité sont des expatriées, chassées de chez elles par la solitude et les maladies. Ces femmes délaissées ont toutes perdu leurs maris et leurs fils à la guerre et Véra s'engage à se donner à leur cause. Mais un jour, un jeune journaliste venu de Leningrad débarque dans le village de Mirnoïé. Cet homme qui fréquentait autrefois les ateliers d'artistes dissidents de la banlieue de la ville, décide d'aller dans la région d'Arkhangelsk afin d'écrire des textes sur les us et les coutumes locaux. Toutefois, dès son arrivée, le jeune homme semble être attiré par cette femme vêtue d'un long manteau militaire, peut-être un manteau de cavalier. La femme soldat attire l'attention et la curiosité du jeune journaliste. Véra lui inspire le mystère, l'énigmatique et l'insolite, ce fait l'incite à se lancer dans une enquête afin de découvrir la vie de cette femme singulière. Après de longues investigations, son ami Otar lui révèle la vraie histoire de Véra.

Le jeune homme réalise le poids symbolique de cette femme dans le village, où elle représente le culte de l'amour. Désignée comme une idole, Véra est continuellement dans l'attente d'un soldat disparu, d'un fantôme du passé. Le jeune journaliste ressent en conséquence de l'affection vis-à-vis de cette femme à la fois respectée et respectueuse. Il décide de créer des liens d'amitié qui lui permettent de mieux connaître ce personnage utopique. Véra apprécie la générosité et la lucidité de celui-ci. La relation entre Véra et le jeune homme se développe de plus en plus. Véra éprouve un sentiment plus profond que l'amitié à l'égard du jeune homme et s'amourache passionnément. Les deux personnages se trouvent dans une relation ambiguë. Mais, un soir le jeune journaliste reçoit une visite inattendue d'une vieille femme du village, appelée Zoïa. Cette dernière lui procure un quotidien d'Arkhangelsk qui montre la photo du fiancé de Véra avec ses deux petites filles, elle lui affirme donc que ce rescapé de la guerre est considéré à Moscou comme un héros. Boris Kopteve l'ex-fiancé de Véra est un glorieux défenseur de la patrie, il tient une place importante dans le comité du parti russe. Le jeune homme découvre une vérité cachée, une révélation sous-entendant que le fiancé de Véra ne reviendra jamais. Boris Kopteve a donc refait sa vie ailleurs et Véra n'est qu'une femme délaissée par un homme assoiffé de pouvoir. Bouleversé par cette information, le jeune journaliste appréhende sa relation avec cette femme énigmatique. Il comprend enfin que l'homme tant attendu par Véra serait peut-être lui. Cette héroïne est prête à tout moment à aimer et à être aimée. Une fois le secret dévoilé, le jeune homme quitte le village de Mirnoïé, en abandonnant tout derrière lui afin de retrouver la ville de Leningrad.

2- LEXIQUE DES TERMES[1] CONTENUS DANS LES TROIS ROMANS :

Agave : (n. m.)
(AG. p. 18)
Plante originaire des régions désertiques de la Méditerranée ou d'Amérique centrale. Elle possède de grandes feuilles épaisses, disposées en rosette à la base, pouvant emmagasiner des quantités d'eau considérables. Ces feuilles peuvent atteindre deux mètres de long. Une hampe florale part du centre de la rosette et peut s'élever jusqu'à 10 à 12 mètres de haut. L'agave ne forme des graines qu'une fois dans sa vie.

Année de dégel : (Expression utilisée en Russie)
(FA. p. 114)
Reprise des relations après une période de tension, reprise de l'activité, des affaires après une période de blocage.

Apparatchik soviétique : (n. m. russe)
(FA. p. 193)
Membre de l'appareil d'un parti communiste.

Arkhangelsk : (n. m. russe)
(FA. p. 46)
Port russe situé sur la mer Blanche, fondé en 1584 sur les rives de la Dvina septentrionale. Construit sur l'ordre d'Ivan IV, il est le premier port russe à commercer avec l'Europe occidentale.

Bahaïsme : (n. m.)
(VS. p. 232)
Religion issue du babisme, fondée à la fin du XIXe siècle en Perse. Son fondateur Bahaullah de l'arabe « *la splendeur de Dieu* » fut expulsé par l'empire Ottoman en 1868 à Saint Jean D'Arc, en Palestine (aujourd'hui Haïfa, en Israël), où il demeure jusqu'à sa mort en 1892. Le bahaïsme prône l'universalisme, son enseignement préconise une réparation morale et sociale, ainsi qu'une harmonie raciale et religieuse, l'égalité des sexes et même une langue internationale.

---

[1]. La définition des mots contenus dans les trois romans est faite à partir de l'*Encyclopaedia Universalis*, France, Encyclopaedia Universalis, t. I, II, III, IV, V, VI, VII, VIII, X, XII, XVII, XX, XXV, XXVIII, 2002.

Actuellement, le siège international du mouvement est installé sur les versants du Mont Carmel qui domine Haïfa en Israël.
Baklawa : (n. f.)
(AG. p. 109)
Gâteau oriental à base d'amandes.
Carélie : (n. f.)
(FA. p. 203)
Région du Nord de l'Europe, entre la mer Blanche et le golfe de Finlande, presque entièrement soviétique depuis 1947.
Chum : (n. m.)
(VS. pp. 13-202)
Mot originaire du l'argot québécois et qui signifie *« petit ami.»*
Datcha : (n. f.)
(FA. p. 115)
Mot russe signifiant une maison de campagne, aux abords d'une grande ville.
Diktat : (n. f.)
(FA. p. 37)
Traité imposé. Exigence absolue imposée par le plus fort au plus faible, et n'ayant pour appui et justification que la force.
Foutah : (n. f.)
(AG. p. 116)
Mot arabe, qui désigne un long foulard couvrant les parties inférieures de la femme berbère.
Gandourah : (n. f.)
(AG. p. 149)
Mot arabe désignant une robe traditionnelle algérienne, que les femmes portaient autrefois. Jadis, le mari offrait cette robe afin de réconcilier son épouse.
Isba : (n. f.)
(FA. pp. 19-22)
Habitation des paysans russes, faite de rondins de bois de sapin.
Kolkhozien : (adj.)
(FA. pp. 88-117)
Se dit d'un membre d'un Kolkhoz. En Russie, le Kolkhoz est une exploitation agricole fondée sur la propriété collective des moyens de productions.

Kollontaï Aleksandra Mikhaïlovna : (n.f.)
(FA. pp. 154-157-159)
Femme révolutionnaire russe (Saint-Pétersbourg 1872/Moscou 1952). Fille d'un général du tsar. Elle est la première femme à entrer au conseil des commissaires du peuple issu de la révolution russe de novembre 1917. Elle s'est intéressée à la situation des femmes et aux questions sexuelles : *Les Fondements sociaux de la question féminine* (1909), *l'Amour libre-l'Amour des abeilles laborieuses* (1925).
Kremlin : (n.m.)
(FA. p. 32)
En Russie Kreml Moskovski (Kremlin de Moscou), est le quartier central de Moscou, ancienne résidence des princes de Moscou, puis des tsars de la Russie, siège des organes centraux du pouvoir soviétique d'autrefois. Le Kremlin moderne comprend l'ancien sénat, aujourd'hui siége du gouvernement soviétique.
Martonne : (n.f.)
(VS. p. 162)
Du latin matronyme. Dans l'Antiquité romaine : femme mariée, mère de famille ou femme d'âge mûr et d'allure imposante.
Nevski : (n.m.)
(FA. p. 202)
Mot russe signifiant la perspective. En Russie « *Nevski Prospekt* » (perspective de la Neva) est une avenue de Leningrad qui s'allonge sur plus de quatre kilomètres, depuis l'Amirauté. Elle constitue l'artère la plus importante et la plus animée de Leningrad.
Pravda : (n.f.)
(FA. p. 42)
Mot russe qui signifie « *vérité* », il s'agit d'un quotidien soviétique, organe central du parti communiste. Créée le 5 mai 1912 sur l'initiative des ouvriers de Saint-Pétersbourg.
Swing : (n.m angl)
(VS. p. 162)
Mot originaire de l'argot québécois. Se dit d'une personne, de son comportement ou de sa tenue qui est à la mode, d'une élégance à la page.

Vivoir : (n.m.)
(VS. p. 18)
Mot d'origine québécoise qui signifie salle de séjour, living-room.
Wigwam : (n.m.)
(FA. pp. 27-38-41)
Village des indiens de l'Amérique du Nord. Hutte ou charnière indienne du même continent.

BIBLIOGRAPHIE SELECTIVE

1- Corpus :

DJABALI Hawa, *Agave*, Paris, Publisud, 1983.
DUCHARME Réjean, *Va savoir*, Paris, Gallimard, 1994.
MAKINE Andreï, *La Femme qui attendait*, Paris, Seuil, janvier 2004.

2- Romans :

BECKETT Samuel, *L'Innommable*, Paris, Minuit, 1952.
BERTRAND Louis, *Le Sang des races*, Paris, Ollendorf, 1899.
BLANCHOT Maurice, *L'Attente, l'oubli*, Paris, Gallimard, 1962.
BLANCHOT Maurice, *Le Pas au-delà*, Paris, Gallimard, 1973.
BLANCHOT Maurice, *L'Amitié*, Paris, Gallimard, 1971.
BLANCHOT Maurice, *Le Dernier Homme*, Paris, Gallimard, 1957.
BROSSARD Nicole, *Lettre aérienne*, Montréal, Éditions du Remue-ménage, 1985.
CHAMBERLAND Pierre, *L'Afficheur hurle*, Montréal, Parti pris, 1964.
DJEBAR Assia, *L'Amour, la fantasia*, Paris, Jean Claude Lattés, 1985.
GIDE André, *Le Journal des Faux-monnayeurs*, Paris, Éos, 1926.
HEBERT Anne, *Les Fous de Bassan*, Paris, Seuil, 1982.
KATEB Yacine, *Le Polygone étoilé*, Paris, Seuil, 1966.
LEMSINE Aïcha, *La Chrysalide*, Paris, Femmes, 1976.
MAMMERI Mouloud, *L'Opium et le bâton*, Paris, UGE, coll., « 10/18 », 1984.
RENAUD Jacques, *Le cassé*, Montréal, Parti pris, 1964.
SARTRE Jean-Paul, *La Nausée*, Paris, Gallimard, 1938.
SAVARD Félix-Antoine, *Menaud maître draveur*, Montréal/Paris, Fides, 1937.

3- Ouvrages sur la Francophonie :

BENIAMINO Michel, *La Francophonie littéraire : Essai pour une théorie*, Paris, L'Harmattan, coll. Espaces Francophones, 1999.
BONN Charles et GARNIER Xavier, *Littérature francophone 2. Récits courts, poésie, théâtre*, Paris, Hatier/Agence universitaire de la francophonie, 1999.
BONN Charles et alii., *Littératures maghrébines d'expression française*, Paris, Edicef/AUPELF, 1996.
BRAHIMI Denise, *Langue et littératures francophones*, Paris, Ellipses, coll. Thèmes & études, 2001.
COMBE Dominique, *Poétiques francophones*, Paris, Hachette, coll. Contours Littéraires, 1995.
DENIAU Xavier, *La Francophonie*, Paris, PUF, 4e édition, 1994.
GAUVIN Lise, *L'écrivain francophone à la croisée des langues*, Entretiens, Paris, Karthala, 1997.
JOUANNY Robert, *Singularités francophones*, Paris, Presses Universitaires de France, 2000.
JOUBERT Jean-Louis dir., *Littérature francophone. Anthologie*, Paris, Nathan/ACCT, 1992.
JOUBERT Jean-Louis et alii., *Les littératures francophones depuis 1945*, Paris, Bordas, 1986.
LEQUIN Lucie et MAVRIKAKIS Catherine, *La Francophonie sans frontière : une nouvelle cartographie de l'imaginaire au féminin*, Montréal/Paris, L'Harmattan, 2001.
MOURALIS Bernard, *Littérature et développement*, Paris, Silex/ACCT, 1984.
NOIRAY Jean, *Littératures francophones I. Le Maghreb*, Paris, Belin, 1996.
SIBONY Dominique, *Entre-deux, l'origine en partage*, Paris, Seuil, 1991.
VIATTE Auguste, *Histoire comparée des littératures francophones*, Paris, Nathan, 1980.

3-1 Articles de Revues :

ASSOULINE Pierre, in *Lire*, Paris, France culture, septembre 2000.
TETU Michel, « Langue française, civilisation et littérature d'expression française », in *Guide culturel*, Paris, CLEF, 1997.
Collectif, « Écrire les langues françaises », in *La Quinzaine littéraire*, N°436, 16-31 mars 1985.

4- Ouvrages sur le Féminisme (Généralités) :

BRIL Jaques, *Lilith*, Paris, Payot, 1984.
BRUNEL Pierre, *Voix Autres, Voix Autres*, Paris, Klincksieck, 2002.
GUSDORF Georges, *Les Écritures du moi*, Paris, Odile Jacob, 1991.
HERITIER. Françoise, *Masculin/Féminin la pensée de la différence*, France, Odile Jacob, 1996.
IRIGARAY Luce, *Je, tu, nous*, Paris, Grasset, 1990.
LAQUEUR Thomas, *La Fabrique du sexe*, Paris, Gallimard, 1992.
PEYREFITTE Alain, *Le mythe de Pénélope*, Paris, Gallimard, 1949.
PRUNHUBER Carol et MERVIN Sabrina, *Femmes. Les grands mythes féminins à travers le monde*, Paris, Hermé, 1990.
SAUVE Rachel, *De l'éloge à l'exclusion : les femmes auteurs et leurs préfaciers au XXe siècles*, France, Presses Universitaires de Vincennes, 2000.

4-1 Ouvrages sur la littérature féminine québécoise :

JOUBERT Lucie, *Trajectoires au féminin dans la littérature québécoise (1960-1990)*, Québec, Nota bene, 2000.
LAMY Suzanne et PAGES Irène dir., *Féminité, subversion, écriture*, Montréal, éditions du Remue-Ménage, 1983.
POTVIN Claudine, *Ouvrir la voie : le processus d'un sous-champ littéraire féministe au Québec (1960-1990)*, Toronto, Université de Toronto Quarterly, Volume 75, N°1, 2006.

4-2 Ouvrages sur la littérature féminine maghrébine :

BENZAKOUR-CHAMI Anissa, *Femmes idéale ?* Casablanca, Éditions Lefennec, 1992.
BESSIS Sophie et BELHASSEN Souayr, *Femmes du Maghreb : Enjeu*, Tunis, Cérès, 1992.
BRAHIMI Denise, *Appareillages : Dix études comparatistes sur la littérature des hommes et des femmes dans le monde arabe et aux Antilles*, Paris, Tierce, 1991.
CLERC Jeanne-Marie, *Assia Djebar : Écrire, transgresser, résister*, Paris, L'Harmattan, 1997.
DEJEUX Jean, *Littérature féminine de langue française au Maghreb*, Paris, Karthala, 1994.
DEJEUX Jean, *Femmes d'Algérie : Légendes, tradition, histoire littéraire*, Paris, La Boîte à documents, 1987.
SEGARRA Marta, *Leur pesant de poudre : romancières francophones au Maghreb*, Paris, L'Harmattan, 1997.

5- Références critiques par aire :
5-1 Critiques québécoises :

ERMAN Michel, *Anthologie critique. Littérature canadienne-française et québécoise*, Québec, Beauchemin Ltée, 1992.
FEYROL Jacques, *Les français en Amérique, Canada, Acadie, Louisiane*, Montréal, H. Lecène et H. Odin, 1886.
GAUVIN Lise et MIRON Guillaume, *Écrivains contemporains du Québec. Anthologie*, Paris, Seghers, 1989.
GUILLAUME Sylvie dir., *L'espace canadien et ses représentations*, France, Maison des sciences de l'homme d'Aquitaine, 1996.
NARDOUT-LAFARGE Elisabeth, *Réjean Ducharme une poétique du débris*, Québec, Fides, 2001.
PONT-HUMBERT Catherine, *Littérature du Québec*, Paris, Nathan, 1998.
POULIN Gabrielle, *Roman du pays 1968/1979*, Montréal, Bellarmin, 1980.
TESSIER Jules dir., *Francophonie d'Amérique*, Ottawa, les presses de l'Université d'Ottawa, N°7, 1997.

VAILLANCOURT Pierre-Louis, *Paysages de Réjean Ducharme*, Québec, Fides, 1994.
VAILLANCOURT Pierre-Louis, *Réjean Ducharme de la pie-grièche à l'oiseau-moqueur*, Paris, L'Harmattan, 2000.
VIATTE Auguste, *Histoire littéraire de l'Amérique française*, Laval, PUF, 1954.

5-2 Articles de revues :

BEAUDOIN Réjean, « Compte rendu du livre *Va savoir* de Réjean Ducharme », in *Liberté*, Québec, CRILCQ, N°219, juin 1995.
CORBEIL Jean-Claude et GUILBERT Louis, « Le français au Québec », in *Langue française*, Paris, Larousse, N°31, septembre 1976.
DU BLED Victor, « La vie politique, sociale et littéraire au Canada (1840-1884) », in *Revue des deux mondes*, Paris, éditions Mille et une nuits, 15 février 1885.
HAGHEBAERT Elisabeth, « Innovation-rénovation : Ducharme et des retours « avant » [la modernité], in *Études Littéraires*, Québec, Nota bene, N°2, hiver 1999.
HEBERT Pierre, « Littérature québécoise », in *Voix et Images*, Montréal, Université du Québec à Montréal, N°32, hiver 1986.
KEGLE Christiane, « Plaisir et subversion chez Réjean Ducharme », in *Études littéraires*, Québec, Études littéraires, N°1, été 1995.
TESSIER Jules dir., in *Francophonie d'Amérique*, Ottawa, Les Presses de l'Université d'Ottawa, N°7, 1997.
VAILLANCOURT Pierre-Louis, « Sémiologie de l'ironie : l'exemple Ducharme », in *Voix et images*, Montréal, Université du Québec à Montréal, N°3, printemps 1982.
Collectif, in *Écrivains du Québec*, France, FNAC, N°374, 1999.
Collectif, « La Littérature au Québec », in *Littérature*, France, Larousse, N°113, revue trimestrielle, 1er mars 1999.
Collectif, in *Etudes canadiennes*, Paris, AFEC, N° 39, 1995.
Collectif, « La littérature au Québec », in *Lettres et Cultures de langue française*, Paris, Adelf, N°20, 1er semestre, 1994.
Collectif, « Recherche québécoise », in *Littérature*, France, Larousse, N°66, revue trimestrielle, mai 1987.

Collectif, in *Littérature de langue française hors de France*, Anthologie didactique, Sèvres, FIPF, 1976.

5-3 Critiques maghrébines :

ACHOUR-CHAULET Christiane, *Couples en création*, Paris, Encrage éditions et CRTH de l'université de Cergy-Pontoise, décembre 2003.

ACHOUR-CHAULET Christiane, *Féminin/Masculin, Portraits de Femmes*, Paris, Encrage éditions et CRTH de l'université de Cergy-Pontoise, décembre 2002.

ACHOUR-CHAULET Christiane, *Féminin/Masculin, Lectures et représentations*, Paris, Encrage éditions et CRTH de l'université de Cergy-Pontoise, décembre 2000.

ACHOUR-CHAULET Christiane dir., *Diwan d'inquiétude et d'espoir*, Alger, ENAG, 1991.

ACHOUR-CHAULET Christiane, *Anthologie de la littérature algérienne de langue française. Histoire littéraire et anthologie (1834-1987)*, Paris, ENAP/Bordas, 1990.

AGERON Charles, *L'histoire de l'Algérie contemporaine*, Paris, PUF, coll. Que sais-je ? 1964.

ARNAUD Jacqueline, *La littérature maghrébine de langue française, Origines et Perspectives*, Paris, Publisud, t. I et II, 1986.

BONN Charles, *Anthologie de la littérature algérienne 1950-1987*, Paris, Livre de Poche, 1990.

BONN Charles et BOUALIT Farida dir., *Paysages littéraires algériens des années 90 : Témoigner d'une tragédie ?* Études littéraires magrébines, Paris, L'Harmattan, 1999.

BURTSCHER-BECHTER Beate et MERTZ-BAUMGARTNER Brigitte dir., *Subversion du réel : Stratégies esthétiques dans la littérature algérienne contemporaine*, Paris, L'Harmattan, 2001.

CROUZIERES-INGENTHRON Armelle, *Le double pluriel dans les romans de Rachid Boujedra*, Paris, L'Harmattan, 2001.

DEJEUX Jean, *Littérature féminine de langue française au Maghreb*, Paris, Karthala, 1994.

DEJEUX Jean, *Maghreb, Littérature (s) maghrébines de langue française*, Paris, Arcantère, 1993.

DEJEUX Jean, *Littérature maghrébine d'expression française*, Paris, PUF, coll. Que sais-je ? 1992.
GAFAITI Hafid, *Les Femmes dans le roman algérien*, Paris, L'Harmattan, 1996.
GRENAUD Pierre, *La littérature au soleil du Maghreb de l'Antiquité à nos jours*, Paris, L'Harmattan, 1993.
LANASRI Ahmed, *La littérature algérienne de l'entre-deux-guerres, Genèse et fonctionnement*, Paris, Publisud, 1995.
RECLUS Onésime, *France, Algérie et colonies*, Paris, Hachette, 1880.
SOUKEHAL Rabah, *L'écrivain de langue française et les pouvoirs en Algérie*, Paris, L'Harmattan, 1999.
SOUKEHAL Rabah, *Le roman algérien de langue française (1950-1990)*, Paris, Publisud, 2003.
TABARI Mohammed Ibn Djarir al, *Les Quatre premiers califes*, Paris, Sindbad, 1980.

5-4 Articles de Revues :

BONN Charles dir., « Paysages littéraires algériens des années 90 : Témoignages d'une tragédie ? », in *Études littéraires maghrébines*, Paris, L'Harmattan, N°14, 1999.
BURTSCHER-BECHTER Beate dir., « Subversion du réel : Stratégies esthétiques dans la littérature algérienne contemporaine », in *Études littéraires maghrébines*, Paris, L'Harmattan, N°16, 2001.
MARTINO Pierre, « La littérature algérienne », in *Histoire et historiens de l'Algérie (1830-1930)*, Archéologie et Histoire, Paris, F. Lacan, N°IX, coll. du Centenaire de l'Algérie, 1931.
NOIRAY Jacques, « Le Maghreb », in *Littératures francophones*, Paris, Berlin, 1996.
Collectif, « Nouvelles approches des textes littéraires maghrébins ou migrants », in *Itinéraires et contacts de cultures*, Paris, L'Harmattan, volume N°27, 1er semestre, 1999.
Collectif, in *Algérie Littérature/Action*, Entretiens, Paris, Marsa, 1997.
Collectif, « Littératures maghrébine », in *Itinéraires et contacts de cultures*, Colloque Jacqueline Arnaud, Paris, L'Harmattan, volume 10, t.1, 1990.

5-5 Critiques russes :

BERBEROVA Nina Nikolaevna, *Les Francs-maçons russes du XXe siècle*, traduit du russe par PLETNIOFF-BOUTIN Alexandra, Suisse, Noir sur Blanc, coll. Actes Sud, 1990.
ETKIND Efim, et alii., dir., *Histoire de la littérature russe, le XXe siècle, Gels et Dégels*, Paris, Fayard, 1990.
ETKIND Efim et alii., *Histoire de la littérature russe, le XXe siècle, La Révolution et les années vingt*, Paris, Fayard, 1988.
ETKIND Efim et alii., *Histoire de la littérature russe, le XXe siècle, L'Age d'argent*, Paris, Fayard, 1987.
GORBOFF Marina, *La Russie fantôme. L'émigration russe de 1920 à 1950*, Lausanne, L'Age d'Homme, 1995.
LIVAK Leonid, *Le studio franco-russe 1929-1931*, traduit par TASSIS Gervaise, Canada-Toronto, Toronto Slavic Library, 2005.
OUSTINOFF Michaël, *Bilinguisme d'écriture et auto-traduction Julien Green, Samuel Beckett, Vladimir Nabokov*, Paris, L'Harmattan, 2001.
PONFILLY Raymond de, *Guide des Russes en France*, Paris, Horay, 1990.
ROBEL Léon, *Histoire de la neige : La Russie dans la littérature française*, Paris, Hatier, coll. Brèves Littérature, t. XVI, 1994.
SLONIME Marc, *Histoire de la littérature russe soviétique*, Lausanne, Suisse, L'âge d'homme, 1985.

5-6 Articles de Revues :

GAYANEH Armaganian, « La Femme démoniaque dans la littérature de l'émigration : modernité, anachronisme ou fusion des modernismes ? », in *La Fin de la modernité slave*, Lyon, CERCS, 2005.
GRETCHANAIA Elena, « Les écrits autobiographiques des femmes russes du XVIIIe siècle rédigés en français », in *Dix-huitième*, Paris, PUF, N°36, 2004.
NABOKOV-SIRIN Vladimir, *Strong Opinions*, New York, Mc Graw-Hill, 1973.

NABOKOV-SIRIN Vladimir, « Biology », [Biologie], in *Gonyj'put,* Berlin, SEGUY, 1923.
REMIZOV Alexeï, in *Kodrjanskaja*, Paris, 8 novembre 1956.
ZAITSEV Boris, in *Vozrozdenie*, Paris, YMCA-Press, N°70, octobre 1957.
Collectif, « La première émigration russe, vie politique et intellectuelle », in *Cahiers de l'émigration russe 1*, Paris, IRENISE et IES, 1994.

6- Références théoriques et Études sur la narration/narratologie :

ACHOUR-CHAULET Christiane et Rezzoug Simone, *Convergences Critiques, Introduction à la lecture du littéraire*, Alger, Office des Publications Universitaires, janvier1990.
BARTHES Roland, *Poétique du récit*, Paris, Seuil, 1977.
BIRAN de Maine, *Examen des leçons de philosophie*, I, Paris, L'Harmattan, 1817.
BREMOND Claude, *Logique du récit*, Paris, Seuil, 1973.
BRES Jacques, *La Narrativité*, Belgique, Louvain-la Neuve, Duculot, coll. Champs linguistiques, 1994.
BRUNEL Pierre dir., *Précis de littérature comparée*, Paris, Presses Universitaires de France, 1989.
BRUNEL Pierre dir., *Qu'est-ce que la littérature comparée ?* Paris, Armand Colin, 1983.
CANNONE Belinda, *Narrations de la vie intérieure*, Paris, Klincksieck, Centre de Recherche des Lettres et Langues de l'Université de Corse, 1998.
CHARTIER Pierre, *Introduction aux grandes théories du roman*, Paris, Dunod, 2e édition, 1998.
CHEVREL Yves, *Précis de littérature comparée*, Paris, Presses Universitaires de France, 1989.
CIORAN Emile, *Aveux et Anathèmes*, Paris, Gallimard, 1987.
CORDOBA Pierre Emmanuel., *Pour une pragmatique du personnage*, Paris, S.E.L, 1984.
CORMEAU Nelly, *Physiologie du Roman*, Paris V^e, A.G. Nizet, 1966.
DUCROT Oswald, *Le Dire et le dit*, Paris, Minuit, 1984.

GENETTE Gérard, *Figures III*, Tunisie, Cérès, coll. Critica, 1996.
GENETTE Gérard, *Introduction à l'architexte. Théorie des genres*, Paris, Seuil, coll. Points, 1986.
GENETTE Gérard, *Fiction et Diction*, Paris, Seuil, 1991.
GLAUDES Pierre et REUTER Yves, *Personnage et histoire littéraire*, Toulouse, Presses Universitaires du Mirail, 1991.
GOLDENSTEIN Jean Paul, *Pour Lire le roman*, Bruxelles, Duculot, 1983.
GREIMAS Algirdas Julien, *Sémantique structurale*, Paris, Larousse, 1966.
GUSDORF Georges, *Les écritures du Moi*, Paris, Odile Jacob, 1991.
HAMON Philippe, *La Description littéraire, Anthologie des textes théoriques et critiques*, Paris, Macula, 1991.
HAMON Philippe, *Introduction à l'analyse du descriptif*, Paris, Hachette, 1981.
JAMES Henry, *La création littéraire, A la recherche du Proust américain*, Paris, Denoël-Gonthier, 2e édition, 1980.
JAMES Henry, *L'Art de la fiction*, Paris, Klincksieck, 1978.
JAMES Henry, *Carnets* (traduction française par SERVICEN Louise), Paris, Denoël, 1954.
JEAN Georges, *Le roman*, Paris, Seuil, 1971.
JOUVE Vincent, *L'Effet personnage dans le roman*, Paris, Presses Universitaires de France, coll., PUF Écriture, 2e édition, 1992.
LAPLANCHE Réjean et PONTALIS Jean Bertrand, *Vocabulaire de la psychanalyse*, Paris, PUF, 1967.
MAINGUENEAU Dominique, *Éléments de linguistique pour le texte littéraire*, Paris, Dunod, 1993.
MARINO Adrian, *Comparatisme et théorie de la littérature*, Paris, Presses Universitaires de France, 1988.
MEYERSON Ignace, *Les Fonctions psychologiques et les œuvres*, Paris, Albin Michel, 1984.
MIRAUX Jean-Philippe, *Le Personnage du roman*, Paris, Nathan, coll. « 128 », 1997.
PARIS Jean, *James Joyce par lui-même*, Paris, Seuil, 1957.
PIRANDELLO Luigi, *Un, personne et cent mille*, (traduction française), Paris, Gallimard, coll. L'imaginaire, 1930.

POULET Georges, *Études sur le temps humain I*, Paris, Presses Pocket, 1952.
PROUST Marcel, *A La recherche du temps perdu*, Paris, Gallimard, t. II, 1987.
RAIMOND Michel, *Le Roman*, Paris, Armand Colin, coll. Cursus, 1988.
REUTER Yves, *Introduction à l'analyse du roman*, Paris, Dunod, 1996.
RICARDOU Jean, *Le nouveau roman*, Paris, Seuil, 1973.
RICARDOU Jean, *Problèmes du nouveau roman*, Paris, Seuil, 1967.
RIVIERE Jacques, *Le roman d'aventure*, Essai, Paris, éditions des Syrtes, 2e édition, 2000.
ROBBE-GRILLET Alain, *Pour un nouveau roman*, Paris, Gallimard, 1972.
SARRAUTE Nathalie, *L'Ère du soupçon*, Paris, Gallimard, 1956.
SEARLE John, *Sens et expression*, Paris, Minuit, 1982.
TADIE Jean-Yves, *Le Roman au XXe siècle*, Paris, Pierre Belfond, coll. Agora, 1990.
VALETTE Bernard, *Esthétique du roman moderne*, Paris, Nathan, 2e édition, 1993.
ZERAFFA Michel, *Personne et Personnage : Le romanesque des années vingt aux années cinquante*, Paris, Klincksieck, 1969.
ZERAFFA Michel, *La Révolution romanesque*, Paris, Albin Michel, 1950.

6-1 Articles de Revues :

MASSERON Caroline et PETIT JEAN Brigitte, « Pour une définition du personnage : l'exemple de Germinal », in *Pratiques*, Paris, PUF, N°22-23, Mars 1979.
PINGAUD Bernard, « L'École du refus », in *Esprit*, Paris, Esprit, juillet/août, 1958.
SARRAUTE Nathalie, « Ce que je cherche à faire », in *Nouveau roman, hier, aujourd'hui*, (Colloque de Cerisy), Paris, UGE, coll. « 10/18 », t. II, 1972.

Collectif, « L'analyse structurale du récit », in *Communications, 8*, Paris, Seuil, 1ere édition, coll. Points, N°8, 1981.

INDEX DES AUTEURS CITES

A.
Achour C.-C., 96-97-101.
Adamov A., 18.
Ageron C.-R., 60.
Akhmatova A., 23.
Aldanov (Landau) A.-M., 64-66-70-76.
Allamand-Berczy J.-C., 39.
Amrouche J., 17-47-61.
Amrouche F., 20.
Amrouche M.-L., 56.
Amrouche T., 57-61.
Annenkoff Y., 76.
Aquin H., 36.
Aristote L., 133.
Arnaud J., 60.
Artaud A., 15.
Avksentiev N., 63.

B.
Balzac de H., 50-113-122-125.
Barthe J.-G., 33.
Barthes R., 87-93-102.
Baya., 56.
Bayreuth de M., 16.
Beckett S., 114-129-130-136-158.
Belamri R., 54.
Bellow S., 141.
Ben Chérif C.-M., 47-48.
Ben-El-Outa (Barbaroux) S., 55.
Benta Djabel B. (Durand Thioriot)., 55.
Berberova N., 67-77.
Berdiaeff N., 63-77.
Berelowitch V., 73.
Berger V., 130.
Bernanos G., 130.
Bernianik L., 37.
Bertrand L., 46.
Bey M., 59.
Biran de M., 156.
Blais M.-C., 20-40-80.
Blanchot M., 115-116-138.
Bled de V., 33-34.
Boujedra R., 20-52.
Boukortt Z., 58.
Bourboune M., 52-53.
Bourniquel C., 21.

Brahimi D., 13-21-29-153-154-153.
Brandés G., 16.
Bremond C., 104.
Brès J., 90.
Breton A., 76.
Bril J., 153.
Brossard N., 20-41.
Bugéja M., 55.

C.
Camus A., 52.
Cannone B., 147-148.
Caraccioli F., 16.
Caron A.-N., 43.
Carrillo G., 17.
Cartier J., 13.
Casanova C., 16.
Cayrol J., 141.
Céline L.-F., 15.
Chamberland P., 44.
Champlain de S., 13-29.
Charbonneau J., 35.
Charchoune S., 67-77.
Chartier P., 112.
Chauveau J.-O., 33.
Chevrel Y., 25.
Chméliov I., 68.
Cioran E.-M., 159.
Cœur P., (Joséphine)., 55.
Combe D., 14-20-158-160.
Conan L., 32-39.
Corbeil J.-C., 42.
Cordoba P.-E., 156-157.
Cormeau N., 103-106.
Crouziers-Ingenthron A., 48-61.

D.
Daumas E., 45.
Débéche J., 56-57.
Déjeux J., 56-58.
Deniau X., 21-154.
Dermenghem E., 154.
Descartes R., 16.

Dib M., 20-49-51-52-80.
Djabali H., 24-54-58-96-164.
Djebar A., 20-52-57-58-62.
Ducharme R., 24-36-163.
Ducrot O., 133.
Dujardin E., 117-121.
Durain J., 76.

E.
Eliasberg A., 75.
Etkind E., 63-66-70-72-78.

F.
Farés N., 52-53-61.
Favre L., 55.
Fédor G., 67.
Fédotov G., 76.
Felzen I., 67-68-77.
Feraoun M., 49-52-61.
Ferrero L., 103.
Ferry J., 17.
Feyrol J., 35.
Flaubert G., 50-85-113-125.
Fondaminski I., 63.
Forster E.-M., 105.
Frank S., 63.
Fréchette L., 32.
Fromentin E., 45.
Fuentes C., 159.
Fumet S., 76.

G.
Galiani A., 16.
Gallitzin P., 16.
Garneau F.-X., 32-34.
Gaspé de P.-A., 32.
Gauvin L., 80.
Gazdanov G., 68-77.
Genet J., 15.
Genette G., 94-97.
Ghalem N., 58.
Gide A., 77-106.
Glaudes P., 87.
Godin A., 55.
Golberg L., 17.
Goldenstein J.-P., 87-88.
Goldoni C., 16.

Gorki A.-M.-P., 70.
Grand de P., 18-70-74.
Green J., 104.
Greimas A.-J., 87-91.
Griffin V., 16.
Groddeck W.-G., 124.
Guérra R., 70-78.
Guilbert L., 42.
Guinzbourg E., 73.
Gurvitch G., 68.
Gusdorf G., 57.

H.
Haddad M., 61.
Hammadou G., 59.
Hammou H.-A., 47-48.
Hamon P., 108-134.
Harvey P., 41.
Hebert P., 33.
Hébert A., 23-40.
Hémon L., 39.
Hoffman V., 75.
Horia V., 18.

I.
Ibn abd rabbih A.-L., 154.
Ionesco E., 19.
Ivanov S., 77.

J.
Jakobson R., 90.
Jaloux E., 67.
James H., 122-136-138-145-145.
Janvier L., 144.
Joubert J.-L., 20-81.
Joyce J., 67-122-124-146.

K.
Kafka F., 114.
Karamzine N., 75.
Kateb Y., 49-50-52-53-60-61.
Kessel J., 76.
Khatibi A., 157.
Khoudja C., 47.
Kniajnine Y., 74.
Kojève A., 68.

Kouprine A.-I., 64-65-68-70.
Koyré A., 68.
Kundera M., 18.

L.
Lanasri A., 46.
Laplanche R., 114.
Larbaud V., 124.
Lawrence D.-H., 150.
Lemsine A., 23-57.
Lénine V.-I.-O., 63.
Lévi-Strauss C., 157-160.
Lukacs G., 145.
Luther A., 75.

M.
Maillet A., 20.
Maingueneau D., 95-96-132.
Makine A., 19-24-166.
Malraux A., 130.
Mammeri M., 49-51.
Man de R., 77.
Mandelstam O., 71.
Mandelstam N., 71.
Markale J., 152.
Martino P., 45.
Masseron C., 100.
Mauriac F., 77.
Maximov S., 71.
Mechacra Y., 58.
Medded A., 20.
Mérejovski D., 66.
Merrill S., 16.
Mervin S., 153-154.
Meyerson I., 120.
Milioukov P., 63.
Mimouni R., 20-54.
Miraux J.-P., 102-106-116-117-137-143-146.
Montaigne M.-E., 75.

N.
Nabokov (Sirin) V., 64-65-71-76-77.
Nardout-Lafarge E., 94.
Nivat G., 77.
Noiray J., 50-52.

O.
Oldenbourg Z., 76.
Ouary M., 61.
Oueld Cheick M., 47.
Oulianov N., 71.
Oustinoff M., 76.

P.
Paris J., 123.
Pasternak B., 71.
Péguy C., 76.
Pellerin J., 21.
Petit Jean B., 101.
Peyrefitte A.-R., 154.
Pingaud B., 107-143.
Pirandello L., 137.
Pontalis J.-B., 114.
Poplavski B., 77.
Potocki I., 16.
Pouchkine A., 74.
Poulet G., 102.
Proust M., 15-67-77-102-120-122-129-136-145.
Prunhuber C., 153-154.

R.
Raimond M., 105-107-147.
Randau R., 46.
Reclus O., 21-22.
Remizov A., 67.
Renard J., 129.
Renaud J., 44.
Reuter Y., 85-87-113.
Reynaud de P., 60.
Rezzoug S., 97-101.
Rhaïs E., 55.
Ricardou J., 117.
Richardson D., 145.
Rimbaud A., 15.
Rivarol A., 154.
Rivière J., 131.
Rjevski L., 71.
Robbe-Grillet., A., 135-140.
Romains J., 149.
Romoff D., 76.
Roquentin A., 124.

Rossel V., 35.
Roudnev V., 63.
Roy G., 36-40.
Roy J., 39.
Rozanova M., 72.
Ryane M., 59.

S.
Sarraute N., 19-112-113-115-121-125-135-137-142-143.
Sartre J.-P., 124.
Savard F .-A., 40.
Schik M., 75.
Schkhovskaïa Z., 76.
Searle J.-R., 159.
Sebbar L., 58.
Semprun J., 15.
Senghor L.-S., 21-153.
Sihanouk N., 21.
Simon C., 143.
Simon P.-H., 21.
Siniavski (Tertz Abraham) A., 71-72-73.
Slonim M., 72.
Soljetsyne A., 18-71-77.
Soukehal R., 58.
Soumarokov A., 74.
Stepun F., 63.
Strindberg A., 17.
Stroev A., 74.
Struve P., 63.
Suède de C., 16.
Sven V., 71.

T.
Tabari M.-I.-D., 154.
Tadiè J.-Y., 114-122-123-125-129-135.
Tchoukovskaïa L., 73.
Tessier J., 39.
Tétu M., 19-20.
Théoret F., 37.
Thoorens L., 36.
Tocqueville de A., 60.
Todorov T., 85.
Tolstoï L.-N., 75.
Tomachevski B., 74.
Tremblay M., 38.

Troyat H., 64-76-77.
Tsetline M., 70.

V.
Vaillancourt P.-L., 94.
Valéry P., 147.
Vichniak M., 63.
Viger J., 43.
Virgile P.-V.-M., 67.
Voltaire F.-M.-A., 14-15-74.

W.
Weidlé W., 76.
Wilde O.-W., 17.
Wilhelm G.-L., 16.
Woolf V., 120-146.
Wyzewa de T., 16.

Z.
Zaitsev B., 67-68.
Zeraffa M., 103-112-115-118-120-129-130-141-146-150-157.
Zinoviev A., 73.
Zola E., 50.

Questions de genre aux éditions L'Harmattan

FEMME EN FRANCOPHONIE
Volume 1 : Écriture et littérature
Volume 2 : Thèmes de société
Cahiers du CIRHILL N° 36 - Pauzet Anne, Roch-Veiras Sophie - Sous la direction d'Anne Pauzet et Sophie Roch-Veiras
Issus du colloque «Femme en francophonie» de l'Université Catholique de l'Ouest (Angers), ces articles font un point sur l'histoire et la place de la femme dans les divers pays de la francophonie. La langue française exprime des vérités et montre le réel selon des genres bien définis. L'histoire, la littérature, l'ethnologie, la sociologie, la psychologie (...) sont autant de prismes à travers lesquels les concepts de «femme» et de «francophonie» vont être analysés, afin de «prendre une photo» de la situation mondiale en ce début de 3e millénaire.
(Vol. 1, 19.00 euros, 198 p.)   *ISBN : 978-2-296-55975-2*
(Vol. 2, 19.00 euros, 198 p.)   *ISBN : 978-2-296-96947-6*

DES AILES POUR VOLER
Insultée, battue, séquestrée, mais libre
Elboudali Samira, Carrier Michel
Mariée à quinze ans, isolée, enfermée et sans contact avec sa famille, ne parlant pas le français, mère à 17 ans, Samira parviendra finalement à sortir seule de cet enfer. Elle lance à travers son récit un message à toutes les femmes violentées par leur mari : « N'attendez pas trop. Vous pouvez avoir une autre vie, quand ça ne va pas, il faut partir. Dès que la violence s'installe, il faut s'en aller, je vous jure que c'est possible. »
(Coll. Dire le harcèlement, 18.00 euros, 180 p.)   ISBN : 978-2-296-96833-2

L'HARMATTAN, ITALIA
Via Degli Artisti 15 ; 10124 Torino

L'HARMATTAN HONGRIE
Könyvesbolt ; Kossuth L. u. 14-16
1053 Budapest

ESPACE L'HARMATTAN KINSHASA
Faculté des Sciences sociales,
politiques et administratives
BP243, KIN XI
Université de Kinshasa

L'HARMATTAN CONGO
67, av. E. P. Lumumba
Bât. – Congo Pharmacie (Bib. Nat.)
BP2874 Brazzaville
harmattan.congo@yahoo.fr

L'HARMATTAN GUINÉE
Almamya Rue KA 028, en face du restaurant Le Cèdre
OKB agency BP 3470 Conakry
(00224) 60 20 85 08
harmattanguinee@yahoo.fr

L'HARMATTAN CAMEROUN
BP 11486
Face à la SNI, immeuble Don Bosco
Yaoundé
(00237) 99 76 61 66
harmattancam@yahoo.fr

L'HARMATTAN CÔTE D'IVOIRE
Résidence Karl / cité des arts
Abidjan-Cocody 03 BP 1588 Abidjan 03
(00225) 05 77 87 31
etien_nda@yahoo.fr

L'HARMATTAN MAURITANIE
Espace El Kettab du livre francophone
N° 472 avenue du Palais des Congrès
BP 316 Nouakchott
(00222) 63 25 980

L'HARMATTAN SÉNÉGAL
« Villa Rose », rue de Diourbel X G, Point E
BP 45034 Dakar FANN
(00221) 33 825 98 58 / 77 242 25 08
senharmattan@gmail.com

L'HARMATTAN TOGO
1771, Bd du 13 janvier
BP 414 Lomé
Tél : 00 228 2201792
gerry@taama.net

617453 - Août 2015
Achevé d'imprimer par